Jegor Gajdar

Entscheidung in Rußland

Die Privatisierung der Macht und der Kampf um eine zivile Gesellschaft

Aus dem Russischen
von Vera Ammer

Carl Hanser Verlag

Titel der Originalausgabe: *Gossudarstwo i Ewoljuzija*

Redaktionelle Mitarbeit:
Cornelia Gerstenmaier

1 2 3 4 5 99 98 97 96 95

ISBN 3-446-18279-9

Satz: Fotosatz Reinhard Amann, Aichstetten
Druck und Bindung: Clausen & Bosse, Leck
Printed in Germany

Dem Andenken von Wassilij Seljunin gewidmet

Inhalt

Einleitung

Am Vorabend der Unterzeichnung des Abkommens über den sozialen Frieden lud Boris Jelzin die Vorsitzenden der Fraktionen im russischen Parlament zu einer Besprechung zu sich. Während sie auf den Präsidenten warteten, kam es zu einer scherzhaften Auseinandersetzung zwischen dem Kommunistenführer Gennadij Sjuganow und dem neben ihm sitzenden Wladimir Schirinowskij. Sie stritten sich, wer von ihnen wen zuerst einsperren werde, nachdem sie zuvor gemeinsam die Demokraten hinter Gitter gebracht hätten. Während dieser Unterhaltung über die praktischen Prinzipien des Abkommens über den sozialen Frieden dachte ich, daß das Schicksal des Sozialismus in Rußland besiegelt ist, ganz unabhängig davon, wie die wechselhafte russische Geschichte obige nicht uninteressante Frage entscheiden wird.

Der Zusammenbruch des Sozialismus ist endgültig. Wie Solschenizyn sagt, sind »die Uhren des Kommunismus abgelaufen«. Sie von neuem aufzuziehen, ist heute nicht mehr möglich.

Auf den ersten Blick mag eine solche kategorische Aussage Verwunderung hervorrufen. Die Reformen, die nach dem Zusammenbruch des Sozialismus zunächst in Osteuropa und danach in den Staaten der ehemaligen UdSSR begannen, waren bekanntlich überall schwierig. Sie brachten politische und soziale Konflikte mit sich. Sogar dort, wo es am energischsten und erfolgreichsten vorwärts ging, traten an die Stelle der alten Probleme alsbald neue. Schlangen, Mangelwirtschaft und Lebensmittelkarten sind aus unserem Lande verschwunden. Es entstand eine offene Wirtschaft mit wachsendem Export. Bis zu den Ereignissen vom September-Oktober 1993[1] stiegen die Dollargehälter, die Nachfrage nach langlebigen Konsumgütern nahm zu. Gleichzeitig kam es zu einer völligen Entwertung des Papiergelds sowie der in keiner Weise gesicherten Sparguthaben aus der Zeit des späten Sozialismus. Die Produktion ging zurück, die Beschäftigungsprobleme verschärften sich. Finanzkrisen erschütterten die Wirtschaft. Für die Bevölkerung schlug sich dies in einem starken Preisanstieg nieder und rief das Gefühl permanenter Ungewißheit hinsichtlich des morgigen Tages hervor.

All das eröffnet den Gegnern der begonnenen Reformen günstige politische Perspektiven. Der Erfolg der Reformgegner bei den ersten Wahlen nach dem Beginn der wirtschaftlichen Umgestaltung kann kaum jemanden verwundern. Schließlich wurde sogar die Frage nach einer möglichen Regierungsbeteiligung der Kommunisten diskutiert. Und dennoch ist nicht mit einer vollständigen sozialistischen Restauration zu rechnen. In dieser Frage kann man sich auf eine Autorität wie ebenjenen Gennadij Sjuganow verlassen. In seinem Buch »Das Reich« schreibt er: »Alle Bereiche der Staatswirtschaft sind in einem solchen Maße unterhöhlt, daß eine Rückkehr zum ›Kasernen‹-sozialismus unmöglich ist, selbst wenn dies alle Blöcke zusammengenommen wollten.«

Im ersten Augenblick mag dies mißverständlich klingen. Jedes Schulkind weiß doch, daß gerade die Untergrabung aller staatlichen Wirtschaftsbereiche in den Jahren 1917/1918 dem Kasernensozialismus den Weg bereitet hat. Aber zwei Seiten später lesen wir: »Wir gehen von der

Realität aus und wollen die Entwicklung nicht überstürzen. Selbst wenn wir heute die politische Macht erhielten, würden wir uns nicht zum Ziel setzen, die Gesellschaft in den Sozialismus zu ›jagen‹.«

Ich denke, hier ist Sjuganow aufrichtig. Es trifft zu, daß der Zusammenbruch der Wirtschaft der Opposition in die Hände spielt. Viele Wähler haben bereits vergessen, daß dieser Zusammenbruch schon vor sehr langer Zeit begann und daß die Krise eine Frucht ist, die aus dem Stamm des kommunistischen Staates hervorgegangen ist. Sie machen für alles die Demokraten verantwortlich.

Außerdem war das kommunistische Regime immer ein theokratisches. Das war seine Stärke und zugleich seine Schwäche. Es konnte nur solange bestehen, wie der Glaube (aufrichtig oder zumindest rituell) an die kommunistische Ideologie und ihre sakralen Begriffe erhalten blieb. Lenin sagte mit Recht, daß eine »nackte« Wirtschaftslage für eine kommunistische Machtergreifung allein nicht ausreiche. Man müsse das entsprechende Bewußtsein in die Reihen potentieller Anhänger »hineintragen«. Das heißt, man muß in den Spalt, der infolge wirtschaftlicher Erschütterungen entstanden ist, mit dem Brecheisen der kommunistischen Ideologie eindringen und damit Druck ausüben …

Heute ist dies offenkundig unrealistisch. Die Ideologie des Kommunismus ist in den Augen der breiten Massen vollständig diskreditiert. Hier empfindet kaum jemand nostalgische Gefühle. Selbst die, die sich die alte »Ordnung« zurückwünschen, wollen nicht den alten Verfall. Aber das eine ist ohne das andere nicht zu haben. Es sind zwei Seiten einer Medaille.

Nach der Säkularisierung der kommunistischen Religion, nach der »Entzauberung« ihrer Heiligtümer, einschließlich Lenins, des Kommunismus, des Klassenkampfs, der Revolution usw., haben alle plötzlich entdeckt, daß der Kaiser nackt und nichts da ist, um ihn zu bekleiden.

Sogar die »Popen der marxistischen Gemeinde«, die formal kommunistischen Führer von heute (außer solchen, wie Nina Andrejewa[2]), lächeln verschämt, wenn sie über die »Heilige Schrift«, über Theorie und Praxis der Klassiker sprechen. Aber wenn selbst der Kellner mit gesenktem Blick eingesteht, daß er »Stör zweiter Frische«[3] anbietet, wer wird ihn dann essen ... Das verstehen alle sehr gut, Sjuganow eingeschlossen. Nicht umsonst hat der Vorsitzende des Zentralexekutivkomitees der Kommunistischen Partei Rußlands seinem Buch den Titel »Das Reich« gegeben und nicht etwa »Kommunismus«. Er rechnet eben mit der Konjunktur des politischen Marktes ... Selbst im Falle des Regierungseintritts von Mitgliedern der KP Rußlands werden diese dort keine ausgesprochen »kommunistischen Ideale« verwirklichen.

Der Zusammenbruch des Sozialismus ist tiefgreifend, in absehbarer historischer Zukunft ist eine Restauration nicht möglich. Rußland steht vor einem anderen Problem: Was entsteht auf den Trümmern?

Die heutige Alternative liegt weniger auf der Hand als zur Zeit der großen Kundgebungen von 1989-91. Sie liegt weit tiefer verborgen, aber man muß sie sehen. Nur so kommt hinter den mißgestalteten politischen Zwergbäumchen der historische Wald zum Vorschein. Wenn man diese Alternative nicht begreift, sie aus den Augen verliert, dann wird die gegenwärtige Politik einfach zu einer privaten, rein professionellen Angelegenheit der Politiker, zu einer Art Sport oder Spiel.

Genauso empfinden viele Wähler die Situation. Hierin liegt einer der Gründe ihrer Passivität, welche die Hyperpolitisierung der Jahre 1988 bis 1991 abgelöst hat.

Dabei ist die Reformierung der Gesellschaft längst nicht

abgeschlossen. In Rußland wird heute nicht Politik, sondern Geschichte gemacht. Hier vollzieht sich eine historische Entscheidung, die das Leben unserer und der folgenden Generationen bestimmen wird.

Diese Wahl, vor der wir stehen, zeigt sich heute überall – in den Auseinandersetzungen um Inflation und Zahlungsrückstände, um Kreditzinsen zwischen den Banken und um den Militärhaushalt, um die geopolitischen Interessen Rußlands, um die Krankenversicherung, den Kampf gegen Korruption, um Bildungspolitik, Antisemitismus, Vereinbarungen mit der NATO, das Verhältnis von Kirche und Staat – in jedem Mosaiksteinchen der gegenwärtigen Politik. Aber die Wurzeln dieser Entscheidung liegen sehr tief, sie ziehen sich durch ganze Zeitalter der Geschichte – und keineswegs nur der russischen.

In letzter Zeit wurden Behauptungen populär, denen zufolge das Wesen aller Konflikte mit der Umverteilung des Eigentums, mit der Privatisierung zusammenhänge. Es entstanden die Begriffe »Nomenklatura-Privatisierung« und »Nomenklatura-Kapitalismus«. Offenkundig kommen wir hier zum Kern sehr wesentlicher begleitender Prozesse, die bestimmen, was an der Oberfläche sichtbar ist.

Die Erforschung dieser Erscheinungen setzt indes gerade erst ein. Die »Nomenklatura-Privatisierung« ist keine singuläre Erscheinung. In gewissem Sinne ist sie eines der Grundphänomene der gesellschaftspolitischen Entwicklung der ganzen Welt. Die Wurzeln der Konflikte, die heute unsere Gesellschaft erschüttern, liegen viel tiefer als im Jahr 1917.

Die Ursache einer gewissen Verwirrung und Enttäuschung eines großen Teils der Bürger, vor allem der demokratisch orientierten, der Grund ihrer Entfremdung von der Staatsmacht und von den demokratischen Politikern liegt nicht in ihrer »Ermüdung«. Ich bin überzeugt, daß er auch nicht allein in den ökonomischen Schwierigkeiten zu suchen ist, ja nicht einmal in dem abschreckenden Bild, das leider viele nominell demokratische Politiker geboten haben, denen es nur um die Macht zu tun war.

Die klare Perspektive ist verlorengegangen, ebenso das Empfinden für den großen sozial-historischen Sinn der Politik, eine Empfindung, die in den Jahren der Perestrojka und später in den »antikommunistischen« Jahren noch so klar und eindeutig gewesen war. Diese Perspektive ging aber vor allem deshalb verloren, weil die damalige Analyse der gesellschaftlichen Prozesse oberflächlich blieb und teilweise überhaupt an der Sache vorbeiging.

In den Jahren 1988/89 begann alles mit der Kritik am bürokratischen System, dem administrativen Kommandosystem, wie man es damals nannte. Seinerzeit erschien diese Bezeichnung vielen als ein Euphemismus. Es galt, so schien es, den nächsten Schritt zu tun und die wahre, die letzte Wurzel des Bösen beim Namen zu nennen: die kommunistische, die marxistisch-leninistische Ideologie.

Dieser Schritt wurde getan, die äsopische Tarnsprache aufgegeben. Der Augenblick der Wahrheit schien gekommen. Indes erwartete uns hier, wie sich zeigte, eine neuerliche Falle.

Die Bürokratie entsagte der marxistisch-leninistischen Ideologie. Der Kommunismus fiel der intellektuellen, moralischen und politischen Verdammung anheim. Aber eine radikale Gesundung des sozialen Klimas blieb aus, und die sich vollziehenden Veränderungen waren sichtlich unzureichend. Der Normalbürger ist nach wie vor mit einem riesigen, rigiden, grausamen und korrumpierten bürokratischen System konfrontiert, das den Markt und alle gesellschaftlichen Beziehungen im Lande unterdrückt.

Ebendieses administrative System hatte den Staub der

marxistischen Ideologie mühelos abgestreift. »Körper« und »Gehirn« dieses Systems blieben unverletzt, nur die Hülle wurde ausgetauscht. Gerade darauf jedoch war das gesellschaftliche Bewußtsein in vieler Hinsicht nicht vorbereitet. Hier zeigten sich die Auswirkungen der Unzulänglichkeit und Oberflächlichkeit der politischen und soziologischen Analyse in den Jahren 1988 bis 1991.

Damals wurden tatsächlich die verrotteten Fesseln des Sozialismus, ihre Überreste, von Rußland abgeschüttelt. Dorthin führt kein Weg zurück. Aber eine andere, weit mächtigere und ältere imperial-bürokratische pseudostaatliche Tradition blieb erhalten. In diese Tradition hatte sich seinerzeit der zum Bolschewismus gewordene Kommunismus organisch eingefügt. Sie wird aber leicht auch ohne »Kommunismus« auskommen, sie wird ihn vielmehr in eine neue Variante von »Orthodoxie, Autokratie, Volksnähe«[4] kleiden. Das ist die Alternative, vor der wir heute stehen: Wird es endlich einen von Grund auf reformierten russischen Staat geben, der lediglich ein Element der Gesellschaft sein wird, oder wird der Staat abermals der Gesellschaft übergeordnet sein und das Skelett der gerade erst erstehenden bürgerlichen Gesellschaft in den »schweren, sanften Pranken«[5] des Staates zerbrechen? Beide Wege sind nicht unproblematisch. Aber ich bin überzeugt, daß der zweite Weg ein sicherer, wenn auch recht spezifischer »besonderer Weg« in die Dritte Welt und in die nationale Katastrophe ist. Der erste Weg führt uns in die Reihe der entwickelten Länder, mit ihrer gegenwärtigen wirtschaftlichen und sozialen Struktur. Dies ist die tatsächliche Alternative, vor der wir heute stehen. Es kommt darauf an, sie genau zu erkennen.

Es handelt sich entweder um die offene, auf Privateigentum gegründete demokratische Gesellschaft, mit rechtlich gleichgestellten Eigentümern, wo dem Staat die Rolle einer gesellschaftlichen Einrichtung unter etlichen anderen zukommt.

Oder aber man erhält einen Staat, der die ganze Fülle von Macht und Eigentum besitzt und im Verhältnis zur Gesellschaft und zur sozialen Welt die Rolle eines Demiurgen spielt.

Hier liegt meiner Ansicht nach der Schlüssel zum angemessenen Verständnis der gegenwärtigen politischen Situation. Gerade hier treffen die täglichen politischen Kontroversen und die globale historische Entscheidung zusammen und gehen ineinander über.

Die vorliegende Arbeit entstand sehr schnell, im August und September 1994. Aber die Vorbereitungszeit war sehr lang. Ich hatte schon lange das Bedürfnis gehabt, konkrete, auch taktische Fragen unseres heutigen politischen Lebens in einem allgemeineren Zusammenhang zu erfassen, sowohl im russischen als auch im welthistorischen Rahmen. Welche wesentlichen Probleme und sozialen Konstanten liegen an der sich schnell verändernden Oberfläche der politischen Erscheinungen? Welche Gezeiten jagen diese Wellen und ihren Schaum?

Die Arbeit an diesem Buch verhalf mir zu einem genaueren Verständnis der realen Alternative, vor der Rußland heute steht, und dazu, noch etwas anderes zu erkennen: welche sozialen Interessen (vor allem der Eliten) die wichtigsten Wendepunkte in der russischen Geschichte des 20. Jahrhunderts bestimmt haben. Wenn diese Arbeit eigene Überlegungen der Leser zu diesem Thema anregt, halte ich mein Ziel für erreicht.

Ich hätte dieses Buch nicht ohne die Hilfe mir nahestehender und gleichgesinnter Menschen schreiben können. Dazu gehören mein Vater Timur A. Gajdar, Leonid A. Radsichowskij und A. W. Uljukajew. Sie haben das Manuskript gelesen, mir eine Reihe wichtiger Anregungen gegeben und die redaktionelle Bearbeitung übernommen. Ich bin ihnen zutiefst dankbar.

Ich widme diese Arbeit dem Andenken des vor der Zeit verstorbenen Wassilij Illarionowitsch Seljunin. Er war nicht nur einer unserer besten Ökonomen und Publizisten, sondern auch ein erstaunlich ehrlicher und tapferer Politiker. Wassilij Seljunin war ein wahrhaft russischer Mensch. Sein Patriotismus war so selbstverständlich, daß es ihm lächerlich und peinlich erschienen wäre, ausdrücklich davon zu sprechen. Die in diesem Buch entwickelten Ansichten kommen den Anschauungen Wassilij Seljunins über die Zukunft und die Perspektiven unseres Landes, wie mir scheint, sehr nahe.

Moskau, August–September 1994

1. Kapitel
Zwei Zivilisationen

Westen ist Westen, Osten ist Osten,
einander begegnen werden sie nie.
Rudyard Kipling

Die hitzigen Diskussionen von 1987 bis 1991 sind verklungen. Heute wissen wir, daß unsere historische Kollision sich nicht allein im Gegensatz von »Kapitalismus« und »Sozialismus« erschöpft. Es mußte laut und deutlich gesagt werden, daß es mit dem Sozialismus in Rußland zu Ende, daß unsere Zukunft der Weg des Kapitalismus ist. Aber dabei darf man es nicht bewenden lassen.

Ohne Zweifel befinden sich die meisten marktwirtschaftlich, kapitalistisch orientierten Länder – genauer, Länder mit Marktelementen – in einem beklagenswerten Zustand. Sie leben in notorischer Armut und sind weit ärmer als Rußland, das gerade erst den Weg der Marktwirtschaft beschritten hat, obwohl es dort ebenso wie bei uns Millionäre gibt. Die Abkehr vom Sozialismus allein garantiert weder wirtschaftliche Blüte noch angemessene Lebensbedingungen, wie es sich bei uns im Jahre 1990 viele naiverweise erhofften. Sie glaubten, man müsse nur den Fetisch auswechseln, um für den Verzicht auf das »kommunistische Erstgeburtsrecht« fast geschenkt ein »kapitalistisches Linsengericht« zu erhalten, also Kapital für das »Kapital«. Aber in den Ländern der Dritten Welt leben weit mehr Menschen als in denen der »Ersten«, und unserer ehemaligen »Zweiten Welt« stehen beide Entwicklungsrichtungen offen.

Mit dieser einfachen Feststellung sind die Kritiker des

Kapitalismus, die »Patrioten«, Kommunisten usw. völlig im Recht. Allerdings ist ihr Rezept, um ein Absinken des Landes auf den Entwicklungsstand der Dritten Welt zu verhindern, ihm vielmehr in der wirtschaftlichen und sozialen Entwicklung einen dauerhaften Platz in der Ersten Welt zu verschaffen, wie man so sagt, genau das Verkehrte.

Das schwerwiegendste historische Dilemma, vor dem wir heute stehen, ist der traditionelle Ost-West-Gegensatz. Das ist eine der wesentlichen Dichotomien der Weltgeschichte, zumindest bis zum »Erwachen Asiens« am Ende des 19. Jahrhunderts. Seitdem haben viele Länder des Ostens (darunter auch die des »Fernen Ostens«) begonnen, sich geschickt an Prinzipien des westlichen Gesellschaftssystems zu orientieren. Bekanntlich haben es gerade diese Länder zu größter Blüte gebracht.

Freilich erhebe ich nicht im geringsten den Anspruch, den welthistorischen Prozeß auch nur schematisch zu beschreiben. Arnold Toynbee unterscheidet 21 Zivilisationen, 21 Gesellschaftstypen, von denen nur zwei in die »westliche« Kategorie fallen. Natürlich kann man (wenn man Toynbees Klassifikation folgt) die 19 verbleibenden nicht durchweg zu den »östlichen« rechnen. Die Dichotomie, die Schlüsselmerkmale und systembildenden Faktoren, die ich später im Zusammenhang mit den westlichen und östlichen Zivilisationen verwenden werde, haben einen mehr lokalen Charakter. Auch wenn sie die ganze Vielfalt historischer Phänomene nicht erklären können, so sind sie doch erforderlich zur Analyse unserer gegenwärtigen Probleme, d.h. zur Bestimmung der strategischen Entwicklungswege von Gesellschaft und Staat in Rußland.

Für uns ist die Analyse der »asiatischen Produktionsweise« von Marx nach wie vor aktuell. Denn diese Analyse kommt leider den sozioökonomischen Realitäten unseres Landes ziemlich nahe. Die Marxsche Analyse selbst stützte sich auf mächtige jahrhundertealte europäische Traditionen, die den »orientalischen Despotismus« ablehnten und sich selbst aus dem Gegensatz zum Osten heraus verstanden. »Den Schlüssel zum ganzen Orient« sah Marx im Fehlen des Privateigentums. Er fährt fort: »Sind es nicht Privateigentümer, sondern ist es wie in Asien der Staat, der ihnen direkt als Grundeigentümer und gleichzeitig Souverän gegenübertritt, so fallen Rente und Steuer zusammen, oder es existiert vielmehr dann keine von dieser Form der Grundrente verschiedene Steuer ... Der Staat ist hier der oberste Grundherr. Die Souveränität ist hier das auf nationaler Stufe konzentrierte Grundeigentum. Dafür existiert dann aber auch kein Privateigentum, obgleich sowohl Privat- wie gemeinschaftlicher Besitz und Nutznießung des Bodens.«[6]

Das Grundeigentum ist die Basis aller Eigentumsverhältnisse schlechthin. Das Fehlen echten Privateigentums, die untrennbare Einheit von Eigentum und Verwaltungsmacht bei unbestrittener Dominanz der letzteren, die Machtverhältnisse als allgemeines Äquivalent und Maß aller sozialen Verhältnisse, die wirtschaftliche und politische, oft despotische Herrschaft der Bürokratie – das sind die bestimmenden Merkmale »östlicher« Gesellschaften.

Ähnliche Merkmale charakterisieren die Länder der »Dritten Welt« sogar noch heute. Gerade sie sind die Hauptursache ihrer Rückständigkeit und notorischen Armut. Zugleich aber sind sie der Garant dafür, daß Rückständigkeit und Armut auch künftig erhalten bleiben, sich immer wieder reproduzieren und weiter verschlimmern.

All das hat tiefe, objektive, historische Gründe.

Der unendlich vielgestaltigen nichteuropäischen antiken Welt und dem Mittelalter waren klare Garantien von Privateigentum und Bürgerrechten sowie die Unterordnung des Staates unter die Gesellschaft fremd. Privateigentum und Markt wurden vom Staat lediglich geduldet. Sie galten immer als verdächtig und standen unter strenger Kontrolle und Bevormundung des allgegenwärtigen bürokratischen Apparates. Abgaben und Konfiskationen, Beeinträchtigung des sozialen Status und die Begrenzung des Prestige-Konsums – das ist das Schicksal selbst des reichen Privateigentümers in orientalischen Despotien, wenn er nicht untrennbar mit der Macht verbunden ist. Die Macht ist hier das Entscheidende. Sie ist der Schlüssel dazu, unter günstigen Umständen Reichtum zu erwerben, und sie ist zugleich die einzige zuverlässige Garantie gegen eine Konfiskation. Wer seine Stellung verliert, geht auch seines Vermögens verlustig. Eigentum ist der bleibende Ertrag der Macht. Und die Machthabenden sind ständig mit dem Erwerb von Eigentum beschäftigt, hauptsächlich durch Umverteilung des schon vorhandenen.

Die Gesetzbücher orientalischer Imperien enthalten gewöhnlich lange und detaillierte Auflistungen der Pflichten der Untertanen gegenüber dem Staat sowie administrative Beschränkungen ihrer privaten und wirtschaftlichen Aktivität. Nur wenige Eigentümerrechte finden sich darin verstreut.

»Ein starker Staat – ein schwaches Volk.« Dieses Prinzip des chinesischen Gesetzgebers und Reformers Schang Yang[7] ist die konzentrierte Verkörperung von Wesen und Ideal »östlicher« Staaten.

Aber ein schwaches Volk nimmt am Staat schwere Rache. Ein System, in dem Eigentum und Macht untrennbar miteinander verbunden sind, wobei die Macht primär und das Eigentum sekundär ist, hat einige sehr wichtige Besonderheiten.

Erstens fehlen effektive Antriebskräfte für eine produktive Wirtschaftstätigkeit. Der Unternehmer hat keinerlei Garantien, ist abhängig und muß stets damit rechnen, Bestechungsgelder zahlen zu müssen. Er wird sich daher eher mit Handel und Spekulation, Finanzbetrügereien oder Wucher beschäftigen (das heißt mit »liquidem« Geschäft), als in langfristige Projekte zu investieren. Was den Haupteigentümer, den Beamten betrifft, so ist seine Rolle als Eigentümer rein parasitär. Die Organisation einer komplizierten Wirtschaftstätigkeit liegt gewöhnlich jenseits seiner Kompetenzen und Interessen.

Dies ist die Ursache für die andauernde und sich ständig reproduzierende Armut. Hieraus folgt auch die Notwendigkeit einer Mobilmachungs-Wirtschaft, die sich ohne Antriebskräfte zur Eigenentwicklung nur durch Willensanstöße von oben bewegt. Diese Bewegung schreitet jedoch nie voran und kommt augenblicklich zum Stillstand, sobald sie sich selbst überlassen wird. Um den Prozeß erneut in Gang zu bringen, bedarf es wiederum einer »übermäßigen Anstrengung« des Staates, die natürlich mit einer weiteren Ausbeutung des »privaten Sektors« einhergeht.

Zum zweiten sind größere Veränderungen in den Eigentumsverhältnissen bei politischen Krisen und Machtwechseln praktisch unvermeidlich. Das Eigentum ist schließlich nur ein Attribut der Macht. Wer die Macht errungen hat, verschafft sich schnellstens Eigentum, das seinem »Rang entspricht«. Wenn man Eigentum nicht erwerben kann, ohne bedeutende Machtpositionen innezuhaben, stimuliert gerade der Geruch des Eigentums politische Kataklysmen. Immer neue mächtige Gruppen und einzelne Führer sind bereit, die Macht – auch über Leichenberge – zu erobern. Sie verfolgen dabei weniger politische und staatliche Ziele als vor allem rein merkantile, die sie mit der einen oder anderen Form von Demagogie verschleiern.

Die Eigentumsverhältnisse werden ebenso instabil wie

die politischen. Die Macht ist in zweifacher Hinsicht attraktiv: sowohl an sich als auch als die einzige sichere Quelle von Reichtum und Komfort. Politische Krisen verwandeln sich in verheerende Brüche in der sozialen Eigentumsstruktur der Gesellschaft. All dies läßt wiederum der Gesellschaft keinen Entwicklungsspielraum und hält sie im Teufelskreis einer sich ständig reproduzierenden Armut gefangen. Je ärmer eine Gesellschaft ist, desto leidenschaftlicher streben ihre Führer nach Reichtum.

Drittens erweist sich der mächtige Staat selbst als innerlich schwach und morsch. Er wird zur Beute der Staatsfunktionäre, der Beamten, die unausgesetzt auf der Jagd nach Eigentum sind.

Die alltägliche Korruption führt schnell zur Bildung beträchtlicher Vermögen. Die Beamten sind instinktiv bemüht, sich ihre Stellung zu sichern und »dauerhaftes« Eigentum zu erwerben, ihre Macht in Eigentum zu konvertieren. Die Bodenanteile, die sie für ihren Dienst erhalten, werden vererbt, dann beginnt man sie zu verkaufen. Bei der geringsten Schwächung der staatlichen Macht verhält sich der ernannte Gouverneur wie ein unabhängiger Fürst. Der Boden ist formell Staatseigentum. Sein Ertrag soll der Deckung staatlicher Bedürfnisse dienen. In Wirklichkeit wird mit dem Boden Handel getrieben; er konzentriert sich in den Händen der reichen Beamten.

»Der Staat – das bin ich« – nach dieser Formel läuft die Beamtenprivatisierung ab. Sie leiten die Steuern in ihre eigenen Taschen und gehen mit dem Staatseigentum so um, als wäre es ihr eigenes. Darin besteht ihre Privatisierung.

Natürlich zersetzt und schwächt eine derartige Privatisierung den Staat. Sie verändert jedoch mitnichten sein Wesen. Die Beamten behalten ihre Stellung auch nach der Privatisierung. Sie denken nicht daran, sich »vom Staat zu lösen«, nachdem sie sich Eigentum verschafft haben. Der ganze Sinn der »östlichen« Beamtenprivatisierung besteht lediglich darin, im Rahmen des bestehenden Systems, unter Beibehaltung der Einheit von Macht und Eigentum und dem Primat der ersteren die maßlosen Begehrlichkeiten der Machthaber zu befriedigen.

Im Rahmen einer solchen »Perestrojka« des bestehenden Systems kann ein wirklich legitimes Privateigentum als Institution nicht entstehen. Es erfolgt lediglich die Ausbeutung des Staatseigentums durch Staatsbeamte (bzw. »Beuteumverteilung«, wenn man die vorangegangene Geschichte im Auge hat). Um es mit den Worten eines zeitgenössischen Publizisten auszudrücken, ist dies in der Tat eine »große kriminelle Revolution«[8]. Der geschlossene Kreis, in dem sich die östliche Zivilisation dreht, fällt nicht auseinander. Vielmehr setzt eine neue Drehung ein.

Der von den Staatsbeamten aufgezehrte Staat bricht schließlich zusammen. Zum neuen Herrscher wird, wie die Geschichte zeigt, einer der rivalisierenden Würdenträger, vielleicht auch der Führer eines Bauernaufstandes oder ein Eroberer aus einem Nachbarland, ein Nomade. Er stellt die Effektivität der Zentralgewalt wieder her, nimmt eine Umverteilung des privaten Bodens vor und verschärft die Kontrolle über die Bodennutzung. An die Stelle unbotmäßiger Vasallen treten von ihm bestellte Vorgesetzte. Die Staatseinnahmen steigen. Nach ein paar Generationen setzen die Beamten von neuem die Privatisierung des Staatseigentums in Gang, und alles beginnt von vorn.

Dieser dynastische Zyklus ist natürlich am deutlichsten in der Geschichte Chinas zu beobachten. Aber man findet ihn auch in Ägypten und in den Staaten Mittel- und Westasiens.

Dem Unternehmer und Privateigentümer läßt dieser wiederkehrende Zyklus keine Hoffnung. In Zeiten der Stärkung des Imperiums ist er strengen Kontrollen unterworfen und Verdächtigungen ausgesetzt. Er muß ständig mit Konfiskationen rechnen. Eine Schwächung der Staatsmacht führt dagegen zum Chaos, zu inneren Unruhen, Plünderungen, Invasionen fremder Mächte, wenn es keinerlei Sicherheiten mehr gibt. Zu Zeiten ihrer Stärke ist die orientalische Despotie gefährlich, zu Zeiten ihrer Schwäche unerträglich.

Der Begriff der Reformen in der nichteuropäischen Antike ist notwendig mit dem Wiedererstehen des Staates verbunden, der in der vorangegangenen Epoche verfallen war. Der restaurierte Staat basiert jedoch auf den alten Grundlagen: auf verschärfter Kontrolle über das Grundeigentum, zunehmender Effektivität der Bürokratie und dem Druck auf Gruppen, die der Staat nicht absorbieren kann, d. h. auf den Adel und die Privateigentümer.

Nach der Aufzählung so vieler »Mängel« der »östlichen Gesellschaft« mag sich der Leser fragen: Weshalb hat sich diese Struktur als so beständig und anziehend erwiesen, warum ist gerade sie in der Geschichte der Menschheit die vorherrschende gewesen? Aber selbst diese Frage ist antihistorisch, im Grunde genommen ein Mißverständnis, eine extreme Erscheinung naiven Eurozentrismus. Die Menschen »wählen« nicht mit offenen Augen ein »System« – wie sie sich auch nicht ihre Eltern aussuchen. Sie leben, wo sie geboren sind, nach gewohnten Gesetzen, die ihnen einleuchtend scheinen. Wie »leicht« es ist, das System zu wählen, können wir heute am eigenen Beispiel erkennen. Die »Unzulänglichkeiten« östlicher Gesellschaften werden erst deutlich, wenn es Alternativen zum Vergleich gibt, wenn man mit einem anderen, westlichen System in Berührung kommen kann, das bereits einen gewissen Reifegrad erreicht hat. Man muß jene Nachteile mit den Augen westlicher Forscher betrachten können, eines Herodot, Marquis de Custine, Montesquieu oder eben eines Marx.

In der Geschichte sind die »östlichen« Gesellschaften mehrere tausend Jahre vor den »westlichen« entstanden. Es ist leicht einzusehen, warum. Die Machtverhältnisse sind entscheidend für die Ordnung jeder Art menschlichen Zusammenlebens, angefangen bei der Stammesgesellschaft. Beziehungen von Macht und Unterordnung entwickeln sich einfach früher als die Akkumulation von Eigentum und das System der Eigentumsverhältnisse. Im Verhältnis zum Eigentum ist die Macht historisch primär. Die Akkumulation von Eigentum wird in vieler Hinsicht erst deshalb möglich, weil die Macht die menschliche Gemeinschaft und ihre Tätigkeit strukturiert und organisiert. Natürlich fügen sich danach die Eigentumsverhältnisse allmählich in die schon bestehenden »Matrizen der Macht« ein. Es wird allerdings in der Tat schwierig, Macht und Eigentum zu trennen, zumal es sich hier nicht um irgendeine »intellektuelle Erfindung«, sondern um einen sehr komplizierten sozialen Prozeß handelt, der für die herrschende Bürokratie äußerst bedrohlich, ja lebensgefährlich ist.

Die orientalischen Gesellschaften, die das Eigentum eindeutig der Macht unterordnen, bleiben in hohem Maße stabil. (Das gilt jedoch nicht für die einzelnen Gesetze und die Dynastien, sondern für die grundlegende sozioökonomische Struktur dieser Gesellschaften.) Ihre stürmischen Metamorphosen haben wohl erst zur letzten Jahrhundertwende eingesetzt, im Prozeß der massiven gegenseitigen Durchdringung verschiedener Zivilisationstypen.

Das »westliche« System hat sich von den Gesellschaften »östlichen Typs« im zweiten Drittel des ersten Jahrtausends v. Chr. in Griechenland losgelöst. Wie es zu diesem »griechischen Wunder« kam, erscheint nach wie vor rätselhaft. Der bekannte Orientforscher L. Wassiljew schreibt dazu folgendes: »Es ist schwer zu sagen, was die Ursache der antiken Revolution war. Man kann sie durchaus mit einer sozialen Mutation vergleichen, denn sie hatte in der ganzen Menschheitsgeschichte nicht ihresgleichen und war deshalb auch in ihrem Charakter und in ihren Ergebnissen singulär.«[9] Es ist unbedingt festzuhalten: Nicht im Übergang von der Sklaverei zum Feudalismus, vom Feudalismus zum Kapitalismus, um so weniger in den erfolglosen, mit einer »Frühgeburt« endenden blutigen Wehen des Sozialismus, liegt der Wendepunkt der Weltgeschichte, wenn man sie als einheitlichen Prozeß betrachtet. Er befindet sich vielmehr da, wo die Wasserscheide zwischen den »östlichen« und »westlichen« Gesellschaften verläuft.

Erst im 19. Jahrhundert trafen sich der »Westen« und der »Osten« tatsächlich. Diese Begegnung zeigte die Vorzüge des westlichen Systems: Die Expansion in verschiedensten Formen erfolgte immer von Westen nach Osten und niemals umgekehrt (bis Japan und andere »östliche Tiger« sich das westliche System so erfolgreich angeeignet hatten, daß sie mit ihm konkurrieren konnten).

Worin bestand das Wesentliche der »westlichen Mutation«? Darüber kann man zumindest nach den jüngsten Überlegungen westlicher Forscher urteilen. Diese stellten mit Erstaunen fest, daß im Osten ein ganz entscheidendes Element des westlichen Systems fehlt, und zwar der ausgearbeitete Begriff des vom Staate unabhängigen Privateigentums, insbesondere des Grundeigentums. Die Hauptsache an der »griechischen Mutation«, das, was sie von ihren orientalischen Vorfahren unterscheidet, ist die Änderung der Eigentumsverhältnisse. So entstand ein entwickeltes, auf Privateigentum basierendes System, juristisch und sozialpsychologisch legitimiert und zunehmend unabhängig vom Staat. Das Privateigentum ist wirklich privat und nicht ein Attribut der Macht. Später, als man bereits auf dieser Basis stand und diese Verhältnisse für selbstverständlich hielt, mochte man sich darüber wundern, daß sie in den orientalischen Gesellschaften so wenig vertreten waren.

Wassiljew bemerkt dazu: »Eines steht fest: Das wesentliche Ergebnis der Transformation der Struktur (der traditionellen Gesellschaften im antiken Griechenland – J. G.) war, daß fast unbekannte oder zumindest zur damaligen Zeit in der ganzen übrigen Welt schwach entwickelte, auf dem Privateigentum basierende Beziehungen in den Vordergrund traten. Dies geschah besonders in Verbindung mit der Vorherrschaft privater Warenproduktion, die sich vorwiegend am Markt orientierte, und mit der Ausbeutung privater Sklaven (die also nicht dem Staat, sondern Privatpersonen gehörten – J. G.). Eine starke zentrale Macht fehlte, und die Gemeinde, der Stadt-Staat (die Polis) verwaltete sich selbst. Nach den Solonschen Reformen (Anfang des 6. Jahrhunderts v. Chr.) entstand im antiken Griechenland eine auf dem Privateigentum basierende Struktur, die es sonst in der Welt nicht gab.«

Im Ergebnis bildete sich allmählich ein System heraus, in dem der Staat nicht Befehlshaber, sondern ein Instrument in den Händen der Gesellschaft war. Die Bürgerrechte waren ein Axiom, das nicht zur Diskussion stand. Natürlich hat es in Griechenland wie auch in Rom nicht wenige Tyrannen gegeben. Immer wieder kam es zu Gewalt und willkürlichen Konfiskationen. Aber all dies waren gleichsam Wellen auf einer mächtigen Wasserschicht fest verwurzelter privatrechtlicher Verhältnisse. Was in der orientalischen Welt ein natürliches Recht und Aufgabe der Macht ist, das gilt hier als Tyrannei und Willkür.

Als das Römische Reich von Barbarenvölkern erobert wurde und zugrundeging, vernichteten diese zugleich das gesamte System der Eigentumsverhältnisse und des Privatrechts sowie die bereits entwickelten sozialen und administrativen Einrichtungen. Mit dem Schwert führten sie die traditionelle östliche soziale Ordnung ein. Trotzdem ging das antike soziale Erbe nicht spurlos verloren, sondern blieb zumindest als traditionelle Denkweise erhalten. In der Folgezeit bewirkte dies einen langsamen, aber kontinuierlichen Wandel der feudalen Strukturen und des Rechts und förderte, unter Sicherung ihrer ideologischen Basis, die Privatisierungsprozesse.

Das feudale System, in Europa auf den Ruinen des antiken Imperiums entstanden, war im Gegensatz zu diesem in seiner sozialen Praxis weltweit keineswegs einzigartig. Die Tendenz zur Feudalisierung bei gleichzeitiger Schwächung der Zentralgewalt ist ein bekanntes Merkmal antiker Staaten. Wenn eine mächtige zentrale Bürokratie fehlt, wird der Boden durch die Krieger in Lehen aufgeteilt. Jene sind bestrebt, den eingeschränkten Besitz in vollwertigen umzuwandeln. Dabei kommt ihnen die Tradition zu Hilfe. Fürsten, die zur Beherrschung von Regionen eingesetzt werden, erringen Unabhängigkeit und das Recht auf Erbfolge. Die dem Schloß eines Ritters benachbarte Gemeinde ist vor Räubern geschützt. Der Ritter hilft eher als ein ferner König mit seiner Armee.

Privateigentum im römischen oder heutigen Sinn gab es im Mittelalter nicht und konnte es auch nicht geben. König, Graf, Ritter, Dorfgemeinschaft und Bauern betrachteten den Boden als ihr Eigentum und hatten daran sich überschneidende Rechte. Ähnliche Strukturen kann man in China in der Tsch'un-ts'ju-Periode und zur Zeit der Drei Reiche finden, in Japan bei den Fujiwaren[10] und in vielen anderen Regionen und Epochen. Demgegenüber sind die jahrhundertelange Stabilität des Feudalismus sowie die ebenso lange »Schwäche« (die Wendigkeit) der Staatsmacht die eigentlich hervorstechenden Merkmale Europas.

Seit dem 10. Jahrhundert, nachdem sich in Westeuropa die letzte große Welle der Wirren und Umwälzungen im

Zuge der Eroberungen durch die Ungarn, Araber und Wikinger gelegt hatte, gab es über Jahrhunderte den zersplitterten schwachen Staat und stabile feudale Verhältnisse. Immer wieder kam es zu dynastischen Kriegen, ganze Scharen von Königen und Feudalbaronen wurden zu Fall gebracht, aber all dies waren keine globalen Erschütterungen. Sie zerstörten nicht die gesellschaftlichen Wurzeln, sondern fegten nur die oberen Schichten hinweg. Die Besiegten wurden nicht ausgerottet oder gefangengenommen. Die Kriege erforderten keine maximale Anspannung aller Kräfte der Gesellschaft, keine vollständige Unterordnung unter den Staat um des Überlebens der Nation willen, keine Konzentration der Rechte auf Grundeigentum in den Händen der Krone.

Verallgemeinert läßt sich sagen, daß die politischen Erschütterungen im Westen in wesentlich geringerem Maße zu automatischen globalen Ablösungen ganzer Schichten von Eigentümern und völligen Verlagerungen des Eigentums geführt haben, als es im Osten der Fall war.

Nicht selten besitzt eine feudale Familie im 10. und im 15. Jahrhundert denselben Grund und Boden. Der Feudalherr des 13. Jahrhunderts ist seiner Mentalität und seinem Habitus nach bereits kein Räuber mehr, kein Schutzgelderpresser wie im 9. Jahrhundert, als er gerade erst seßhaft geworden war. Seine Familie ist mit den Bauern seit Jahrhunderten durch ein gemeinsames Leben verbunden, durch eingefahrene Gewohnheiten, Bräuche, die die Pflichten und Rechte der Bauern regeln. John Stuart Mill drückte das so aus: »Das Brauchtum ist der mächtigste Beschützer der Schwachen gegen die Starken.« So bildet sich die Grundlage der Gesellschaft, das Gefühl von Legitimität bzw. Illegitimität des jeweiligen Handelns von Mensch und Staat. Die Legitimität erfüllt die geschriebenen Gesetze mit Leben, macht papierene Deklarationen lebendig.

Die Rechtsverletzung wird so zu einer moralisch schwerwiegenden und nicht ungefährlichen Angelegenheit. Ohne Legitimität würde dagegen die Gesellschaft tatsächlich zu einem Schauplatz des Krieges aller gegen alle.

Die privaten Eigentumsverhältnisse in Europa behielten ihre Legitimität ungeachtet aller Erschütterungen. Der Brauch bewahrte nicht nur das Althergebrachte, sondern war auch der Mechanismus bei der Umgestaltung der Bodeneigentumsverhältnisse. Wenn die Obliegenheiten der Bauern genau festgelegt waren, weshalb sollte dann die Bezahlung nicht in Geld erfolgen anstatt in Naturalien, nachdem mit der allmählichen Entstehung des Handels die europäische Wirtschaft den Charakter einer reinen Naturalwirtschaft verloren hatte? Der Staat hat in Jahrhunderten keine Umverteilung des Bodens unter den Feudalherren vorgenommen. Damit wurde der Anspruch der Krone auf die Rolle des obersten Grundbesitzers nichtköniglichen Privatlandes mit der Zeit gegenstandslos. Gewöhnlich wurde der Boden des »Manor«[11] unter Bauern und vor allem unter Lehnsherren aufgeteilt. Mancherorts wurden schrittweise finanzielle Pachtverhältnisse eingeführt. Die Fristen (für die Pacht) wurden immer länger. Statt gemeinschaftlichen Grundeigentums gab es immer mehr Privateigentum, und das Verhältnis von »Herr« und »Knecht« wurde durch das von »Grundherr« und »Pächter« ersetzt.

Im 13. Jahrhundert erhielten in England die »freemen«[12] das Recht, ohne Einwilligung des Lords Land zu verkaufen. Dieser Brauch bürgerte sich ein. Das gemischte Feudalrecht an Boden wurde langsam abgelöst von privatem Grundeigentum.

Gerade der alles andere als allmächtige europäische Feudalstaat brachte eine Struktur hervor, die sich neben ihm, von ihm losgelöst, herausbildete. Diese komplizierte, differenzierte Institution im mittelalterlichen Europa war dem

Staat nicht untergeordnet. Die mächtigen hierarchischen Organisationen der Kirche, die sich aus römischen Zeiten erhalten hatten, bestanden neben den staatlichen. Sie schufen alternative Möglichkeiten des sozialen Fortschritts und hielten die Willkür des Monarchen in Schranken.

Die Handelsstädte entstanden unter der Obhut des Monarchen oder des Lehnsherren und standen unter militärischem Schutz. Sie errangen jedoch schnell ein Eigenleben, eine eigene Hierarchie und eine ausgebildete Selbstverwaltung. Damit unterschieden sie sich erheblich von den damaligen Städten des Ostens, die unter strenger staatlicher Kontrolle standen.

Seinerzeit war durch die Schichten barbarischer Sitten die verdeckte, aber nicht vernichtete ideengeschichtliche Tradition der Antike wieder zum Vorschein gekommen: das römische Recht, das Privateigentum, die bürgerlichen Rechte und Freiheiten. Die feudale Gesellschaft entdeckte sie von neuem, als sie in ihrer jahrhundertelangen Evolution die soziale Basis dafür schuf.

Macht und Eigentum differenzierten und trennten sich, ihre unauflösliche Einheit ging verloren. Das durch die Tradition unverletzlich gewordene Eigentum wurde nun nicht mehr willkürlich konfisziert, einfach deshalb nicht, weil der Besitzer keine bedeutende Machtstellung einnahm. Die stürmische Entwicklung des privaten Unternehmertums, in erster Linie des Handels, ließ andere Quellen der Bereicherung entstehen als die Nähe zur Macht. Die entwickelten Märkte schufen zusätzliche Garantien gegen Machtmißbrauch, gegen Konfiskationen. Auf die Kapitalflucht als eine Einschränkung von Willkür hat bereits Montesquieu hingewiesen.

Die üblich gewordene Trennung des Eigentums von der Stellung in der Machthierarchie bereitete den Weg für eine Differenzierung der sozialen Struktur, für eine Vielfalt von

Hierarchien, die vom Staat nicht zu absorbieren waren. Als selbständige, aber miteinander verbundene Kräfte wirkten Staat, Erbadel, die Hierarchie der Bodenbearbeiter, Städte und Bürgertum sowie die Kirche. Gerade in dieser Situation entwickelten sich die Voraussetzungen der Akkumulation erblichen Reichtums, der Bildung von Privatkapital als Entwicklungsfaktor.

»In einer Gesellschaft sind dann die Voraussetzungen für die Entstehung des Kapitalismus gegeben, wenn sie auf der Basis einer wie auch immer gearteten hierarchischen Gliederung den Bestand langlebiger Geschlechter und die unabdingbare Akkumulation fördert, mit anderen Worten, wenn Erbschaften übertragen, Besitztümer vergrößert und ungehindert einträgliche Verbindungen geschlossen werden können; wenn sich die Gesellschaft in Gruppen, darunter faktisch oder potentiell dominierende, gliedert und dank ihrer Staffelung den sozialen Aufstieg nicht unbedingt erleichtert, aber doch zumindest ermöglicht.

All das jedoch erfordert eine lange, eine sehr lange Reifezeit.«[13]

Der beste Stimulus für Innovationen und für die Erhöhung der Effektivität der Produktion sind verläßliche Garantien für das Privateigentum, offene Märkte, die Mobilität der Produktionsressourcen. Hierauf gestützt, befand sich Europa seit dem 15. Jahrhundert immer unbeirrter auf dem Weg intensiven wirtschaftlichen Wachstums, welches schließlich den Bevölkerungszuwachs überholte.

Für uns ist es besonders wichtig zu verstehen, welche Rolle dem feudalistischen Staat bei der Entstehung des europäischen Kapitalismus zukam. Hier sind einige Momente hervorzuheben.

Wie gesagt, war der schwache Staat die Grundlage des sozioökonomischen Fortschritts. Aber fällt nicht dem Staat die Aufgabe zu, die Traditionen, die Möglichkeit friedlicher Akkumulation von Generation zu Generation, zu bewahren? Ist nicht der Staat der Garant gegen gewaltsame Umverteilungen des Eigentums, der Schutz gegen plündernde Eroberer von außen sowie gegen »seine« eigenen Feudalherren? Wie sind all diese für die Gesellschaft lebenswichtigen Aufgaben zu lösen ohne einen übermächtigen Staat? Zu welcher nationalen Katastrophe ein schwacher Staat führt, ist deutlich sichtbar am Beispiel der ersten polnischen Republik.

Die Geschichte hat auf diese Frage eine Antwort gegeben. Im Osten hat der Staat die Gesellschaft wirklich »geschützt«, indem er sie zu einem Bestandteil von sich gemacht hat. Damit hat er sie vernichtet, genauer, ihr einfach keine Möglichkeit gelassen, sich zu entwickeln, er hat sie überdeckt, erdrückt, mit seiner Panzerung erstickt.

In Europa, wo sich die Frage des physischen Überlebens der Ethnien trotz allem nicht stellte, bildete sich eine einzigartige Situation heraus: Die Gesellschaft überholte in ihrer Entwicklung den Staat. Es entstand eine Elite, überdies eine erbliche, die im Bewußtsein ihrer Unabhängigkeit vom Staat ein fundamentaler Bestandteil des sozialen Systems und nicht nur ein Rädchen in der Staatsmaschinerie war. Ein starker, strenger Staat garantierte theoretisch das Recht auf Eigentum, er verteidigte es gegen andere Staaten, gegen Feudalherren usw. Aber hierfür war ein unverhältnismäßig hoher Preis zu zahlen – der Staat war ein zu starker Schutzherr. Und er verteidigte den Eigentümer nicht gegen seinen ärgsten, den mächtigsten, alles durchdringenden Feind, gegen den Staat selbst.

Die Gesellschaft müßte Kräfte sammeln, um ohne Furcht einen solchen »Schutzherren« wie einen starken Staat akzeptieren zu können. Dazu bedürfte es einer sozial differenzierten Gesellschaft mit Traditionen (darunter rechtlichen), in der die Überzeugung von der Unabhängigkeit des Individuums und des Eigentums vom Willen des Staates fest verankert wäre und die über Institutionen verfügte, die diese Unabhängigkeit garantierten. Eine solche Gesellschaft wäre im Innern dagegen gewappnet, unter der schweren Hand des Staates zu zerbrechen. Sie könnte seine Stärke vielmehr im eigenen Interesse und für ihre eigene Weiterentwicklung nutzen. Wenn nur der Staat das Eigentum legitimiert, seine gesetzliche Basis und Rechtsgrundlagen schafft, dann wird es keinen Markt geben. Wenn jedoch die Legitimität des Eigentums nicht vom Staate abhängt, sondern diesem übergeordnet ist, dann wird der Staat selbst für den Markt arbeiten und zu dessen Instrument werden.

Bei der Entstehung starker Staaten dort, wo die Gesellschaft darauf vorbereitet war, entfiel das Wunder einer vorherbestimmten, prästabilierten Harmonie. Die Entwicklung der Gesellschaft, die Herausbildung des Marktes gaben den Anstoß zur Integration der Nationen, sie zerstörten die mürbe feudale Struktur. Nationalstaaten reiften in der Gesellschaft organisch heran, sie wurden ihr nicht als gigantisches Idol übergestülpt. So war es etwa im England und Frankreich des 16. und 17. oder im Preußen des 17. und 18. Jahrhunderts.

Die Wirtschaftspolitik der europäischen Staaten war immer hinreichend aktiv und erschöpfte sich selten in rein fiskalischen Funktionen. In gewissem Sinn war der »Staatskapitalismus« im Westen für das 20. Jahrhundert nicht so charakteristisch wie für das 17. und 18., als eine Politik des Merkantilismus herrschte, der die ursprüngliche Akkumulation begünstigte. Der Staat betrieb aktiven Handel und Kolonisierung (Kriege eingeschlossen). Er war unmittelbar beteiligt an der Schaffung der ost- und westindischen Handelsgesellschaften in England und Frankreich, am Aufbau der Flotte (und im 19. Jahrhundert an dem der Eisenbahn) sowie am Entstehen der Rüstungsindustrie usw.

Aber all diese staatlichen Anstrengungen liefen durchweg der natürlichen, vom Markt diktierten Entwicklungslinie nicht »zuwider«, sondern »parallel«. Die Bemühungen des Staates entwickelten sich gemeinhin auf einem zuvor genau abgesteckten Feld legitimen Privateigentums, eines freien Markts (auch wenn dieser in einer Reihe von Fällen durch protektionistische Tarife eingeschränkt war), der Trennung von Macht und Eigentum. Ohne gravierend in die privaten Besitztümer einzugreifen, wirkte der Staat im Rahmen der ihm gesetzten Grenzen im Sinne einer Stärkung und Entfaltung des Kapitalismus und nicht im Sinne seiner Unterdrückung. In flexibler Anpassung an die Marktverhältnisse verminderten die europäischen Staaten ihren Einfluß auf die Wirtschaft im 19. Jahrhundert, als das Privatkapital bereits über genügend Kraft verfügte, um sich weiterentwickeln zu können.

Den europäischen, westlichen Gesellschaften gelang es, die in der uns bekannten Menschheitsgeschichte effektivste Lösung der Hauptaufgabe zu finden: die optimale Verbindung von Tradition und Entwicklung. Im Osten begegnen wir einem rigiden und harten System, das in blutigen Auseinandersetzungen zusammenbricht, um dann in seiner vorigen Gestalt wiederzuerstehen. Im Westen finden wir dagegen ein auf Traditionen gegründetes Wachstum, das Gegensätze verschwinden läßt und es ermöglicht, von den materiellen wie den geistigen Errungenschaften der vorangegangenen Generationen zu profitieren.

Dies ist keine Apologetik. Es steht nicht dafür, den Erfolg als absolute Wahrheit auszugeben. Es gab und gibt auch in westlichen Gesellschaften hinreichend Erschütterungen und Krisen. Die Entwicklung setzt sich fort; es ist durchaus möglich, daß nach einer Wende neue Stürme folgen, die wir nur noch nicht sehen. Das bürgerlich-demokratische System schließt eine Menge offenkundiger Mißstände und Ungerechtigkeiten ein und ist gewiß nicht der »Weisheit letzter Schluß«, das »Happy end« der Menschheitsgeschichte. Der Kapitalismus ist zweifellos nicht die Verkörperung der »absoluten Idee« der Weltgeschichte. Wahrscheinlich werden sich im Maße der Integration der Menschheit durch Konflikte und Kämpfe neue Gesellschaftsformen entwickeln, neue zwischenstaatliche, globale Formen des Zusammenlebens. Über die bürgerliche Demokratie ist sehr schön gesagt worden, daß sie die schlechteste Regierungsform sei, wenn man alle übrigen außer acht lasse. Tatsächlich ist unter den funktionierenden Zivilisationen der letzten Jahrhunderte die westliche die effektivste.

Die gefährlichste Herausforderung, mit der der europäische Kapitalismus im Laufe seiner Entwicklung konfrontiert wurde, entstand in ihm selbst. Diese Herausforderung rührte eben daher, daß Veränderungen, die sich bis dahin langsam vollzogen hatten, im 18. und 19. Jahrhundert infolge technischer Erfindungen und sozialpolitischer Umgestaltungen plötzlich eine heftige Beschleunigung erfuhren. Jener ungewöhnlich stürmische Fortschritt barg indes erhebliche Gefahren. Es schien, als wäre das europäische Schiff vom klaren Kurs abgekommen und in Sturm geraten, als hätte die europäische Geschichte sich in der verhängnisvollen »dialektischen« Falle gefangen. Hierüber schrieb Marx mit bösem, »mephistophelischen« Triumph: »Die bürgerlichen Produktions- und Verkehrsverhältnisse, die moderne bürgerliche Gesellschaft, die so gewaltige Produktions- und Verkehrsmittel hervorgezaubert hat, gleicht dem Hexenmeister, der die unterirdischen Gewalten nicht mehr zu beherrschen vermag, die er heraufbeschwor.« Und im folgenden verkündete er drohend, feierlich, dialektisch: »Aber die Bourgeoisie hat nicht nur die Waffen geschmiedet, die ihr den Tod bringen, sie hat auch die Männer gezeugt, die diese Waffen führen werden, die modernen Arbeiter, die *Proletarier.*«[14]

Bekanntlich hat Marx die Situation »auf den Kopf gestellt«. Er war der Auffassung, daß die bürgerlichen Produktionsverhältnisse hinter den Produktivkräften zurückblieben. In Wahrheit jedoch waren die Stürme ganz anderer Natur, die Europa rund ein Jahrhundert, von 1848 bis 1945 erschütterten und die sich »Sozialismus«, »Kommunismus«, »Faschismus«, »Nationalsozialismus« nannten und tatsächlich immer wieder die Wurzeln der europäischen Zivilisation auszureißen drohten.

Die Urbanisierung, der Bruch der Traditionen in der gewohnten Lebensweise waren die Grundlage für eine Revolution der »Hoffnungen«, für ein rasantes Anwachsen der Ansprüche der nach wie vor armen unteren Klassen. Mit dem Wegfall der Standesschranken ergriff die Idee der allgemeinen Gleichheit plötzlich von den Massen Besitz und wurde zu einer materiellen Kraft, der Kraft eines Rammbocks. Sie beherrschte nicht so sehr das Proletariat wie die »Rastignacs«[15]. Das waren junge ehrgeizige Randfiguren, die für sich keine Möglichkeit sahen, eine ihnen »zustehende« hohe Stellung durch friedliches Hocharbeiten auf der gesellschaftlichen Stufenleiter zu erringen.

So verblieb nur, diese böse Stufenleiter dem Erdboden gleichzumachen und zu zertreten. »Die ganze Welt der Gewalt zerstören wir bis auf den Grund, und dann errichten wir unsere Welt, eine neue Welt, wo der alles sein wird, der vorher nichts war.«[16] Ich weiß allerdings nicht, was daran proletarisch ist. Es ist die erklärte Hymne junger ehrgeiziger Randfiguren. Nicht zufällig waren alle Führer der größeren zerstörerischen revolutionären Bewegungen typische Vertreter der »schutzlosen Intelligenz«, die für sich keinen würdigen Platz an der Sonne gefunden hatte, seien es Marx, Bakunin, Lenin, Mussolini, Stalin oder Hitler. Natürlich bin ich weit davon entfernt, den großen Denker und glänzenden Publizisten Marx mit dem Kriminellen Dshugaschwili[17] oder dem paranoiden Wahnsinnigen Schicklgruber gleichzusetzen. Aber eines ist ihnen gemeinsam: die Zugehörigkeit zu einem marginalen Intelligenzmilieu, wenngleich auf ganz verschiedenen Ebenen.

H. G. Wells schrieb zum Beispiel ganz offen, er sei kein Anhänger der marxistischen Theorie, die er als »furchtbar langweilig« empfinde. Er wolle sich irgendwann einmal mit Rasiermesser und Schere bewaffnen und ein Buch über das »Rasieren von Karl Marx« schreiben. Allerdings sympathisiere er mit den Marxisten, von denen »kaum einer das ›Kapital‹ ganz gelesen hat«. »Diese Lehre und diese Weissagung haben auf die Jugend aller Länder einen magischen Einfluß geübt, besonders auf junge Männer von Tatkraft und Phantasie, die sich – mangelhaft erzogen und schlecht ausgestattet – im Beginn ihres Kampfes ums Dasein, bei unseren heutigen Wirtschaftsverhältnissen, zu hoffnungsloser Lohnsklaverei verdammt sehen. An sich selbst empfinden diese jungen Leute die soziale Ungerechtigkeit, die törichte Geringschätzung, die kolossale Unhöflichkeit unserer Gesellschaftsordnung. Sie erkennen, daß sie durch diese beschimpft und ihr geopfert werden; und ihr ganzes Streben geht dahin, sie zu stürzen und sich aus ihr zu befreien … Schon als Junge von 14 Jahren war ich Marxist vom reinsten Wasser, längst ehe ich den Namen Marx je gehört hatte. Meine Erziehung war unvollendet abgebrochen, ich in einen ekelhaften Laden gesteckt und zu einem Leben öder tödlicher Qual verurteilt worden. Ich mußte schwer und so lange arbeiten, daß alle Hoffnung, mir selbst weiter zu helfen, eitel erschien. Ich würde meine Arbeitsstätte in Brand gesteckt haben, hätte ich nicht die Überzeugung gehabt, daß sie überversichert sei.«[18]

Die rasch anwachsenden und daher unerschöpflich scheinenden Möglichkeiten der Produktion kontrastieren mit dem gleichzeitigen Fortbestehen von Armut und sozialer Ungleichheit. Ebenso steht die straff organisierte Produktion in der Fabrik im Gegensatz zu dem sichtlichen Chaos der Marktmechanismen, das zu Arbeitslosigkeit und Überproduktionskrisen führt. Dies alles ist ein natürlicher Nährboden für die Verbreitung der radikalen antikapitalistischen Ideologie, die sämtliche Nachteile der modernen Gesellschaft mit Privateigentum und Markt in Zusammenhang bringt und alle Hoffnungen auf eine lichte Zukunft mit deren Beseitigung, mit der »Vergesellschaftung« der Produktionsmittel, verbindet. Gerade auf diese offensichtlich scheinenden Fakten beruft sich die am meisten entwickelte, vollendete, intellektuell anziehendste Form der antikapitalistischen Ideologie, der Marxismus. Er schenkt seinen Anhängern ein einheitliches Weltbild, den moralischen Messianismus einer weltlichen Religion und die Überzeugungskraft des Rationalismus.

So ist die europäische Krise eine Krise des technischen Fortschritts, der die Traditionen hinter sich gelassen hat, eine Krise der Hoffnungen und allzu großen Erwartungen. Vor diesem Hintergrund werden die scheinbar gewohnte Ungleichheit und Armut »auf einmal« als unerträglich empfunden. Es handelt sich jedoch nicht um eine Krise der marktwirtschaftlichen Produktionsverhältnisse, wie Marx dachte, sondern es ist vielmehr eine Krise ihrer Legitimität, ein schwerer Anschlag auf ihre Legitimität.

Die Krise des Kapitalismus war in seiner Hochburg, in England, am schwächsten ausgeprägt. Da die Produktionsverhältnisse hier am weitesten entwickelt waren, hätte man das Gegenteil erwarten können. Aber es verhielt sich umgekehrt. Die Krise des bürgerlichen Bewußtseins im viktorianischen und nachviktorianischen Zeitalter des »Forsyteschen England«[19] war deshalb am schwächsten, weil bei den Engländern die Ideen der Freiheit der Persönlichkeit und der Unantastbarkeit des Privateigentums fester verankert waren als auf dem Kontinent.

Jedenfalls wurde das jahrhundertealte Rückgrat der europäischen Zivilisation, die über Jahrhunderte tradierte und anerzogene Überzeugung von der Legitimität des Privateigentums (das »unantastbare Recht auf Privateigentum«), plötzlich zur Zielscheibe heftiger intellektueller und emotionaler Kritik. Diese ging von Menschen aus, die sich in »fataler Selbstüberhebung« (so ein Buchtitel von Friedrich A. Hayek[20]) anschickten, nach eigenen, von ihnen selbst erdachten Schablonen eine »neue Gesellschaft« zu errichten. Die traditionelle, hierarchisierte, auf Privateigentum basierende Gesellschaft nahm sich jetzt höchst ungerecht aus. Folglich erschien der Neid als legitimiert, er wurde mit einem Mal zu »edler Entrüstung«, die in eine Apologie der Gleichheit mündete und die Anwendung »chirurgischer« Lösungen zum Zwecke der Umverteilung des Reichtums rechtfertigte. Für die Reaktionäre verband sich dieser Prozeß zuweilen mit einer Verlagerung vom marxistischen »Haupt«gleis auf ein »Neben«gleis, das rassistisch-chauvinistische (demzufolge nicht alle Reichen zu berauben sind, sondern nur die »Nichtarier«).

Wie hat der Westen auf die Herausforderung des Marxismus reagiert?

Die von dem Hegelianer Marx so gerne beschworene »Ironie der Geschichte« zeigte, indem sie sich mit ihrer Spitze gegen Marx selbst wandte, daß sie universal ist und keine Günstlinge hat. Seine Theorie hat sich im Ergebnis für den Westen nicht als Zyankali, sondern als Impfstoff erwiesen, der den Ausbruch einer wirklich tödlichen Krankheit verhinderte.

Nicht die mechanische Unterdrückung der marxistischen Opposition, sondern ihre Assimilation (mitunter von antimarxistischer Rhetorik begleitet) war die reale Antwort der kapitalistischen Gesellschaft. Diese Assimilation war natürlich ein schmerzhafter Prozeß. Zur Jahrhundertwende erfuhr der Westen eine quälende Veränderung, aber er ging lebendig und gesund daraus hervor. »Der Untergang des Abendlandes«, von dem Faschisten und Kommunisten so viel gesprochen haben (wie auch unabhängige europäische Intellektuelle), fand nicht statt.

Zwei Denker spielten eine hervorragende Rolle in der Reflexion der revolutionären Herausforderung durch Marx: Eduard Bernstein und John Maynard Keynes.

Bernstein legte in seinem Buch »Die Voraussetzungen des Sozialismus und die Aufgaben der Sozialdemokratie« (1899) die Theorie des Sozialreformismus dar. Diese war für den orthodoxen Marxismus viel gefährlicher als das »Ausnahmegesetz gegen die Sozialisten«, das in Deutschland gegen Ende des vergangenen Jahrhunderts in Kraft war. Bernstein setzte der Revolution und Gewalt einen sozialen Kompromiß entgegen, der es erlaubte, die schärfsten und ungerechtesten Widersprüche in der demokratischen Gesellschaft zu mildern. Das fand Ausdruck in seiner berühmten aphoristischen Losung, die es gestattete, ohne Explosion den gesamten marxistischen Dampf abzulassen: »Die Bewegung ist alles, das Ziel nichts«.[21]

Seit dem Ende des 19. Jahrhunderts wuchs die Tendenz, den Kapitalismus zu sozialisieren. Standesschranken wurden beseitigt (während sie in den Ländern des »realen Sozialismus« in krasser, wahrhaft feudaler Weise wieder gefestigt wurden). Die formale und faktische Gleichheit der Menschen vor dem Gesetz wurde in nie dagewesenem Maße gewährleistet. Und all dies wurde nicht um den Preis einer Revolution erreicht, sondern im Gegenteil infolge der Festigung demokratischer Traditionen. Die abstoßenden Formen der Ungleichheit wurden überwunden. Das allgemeine Wahlrecht wurde zur universalen Norm. Eine entwickelte Arbeitsgesetzgebung schützte die Rechte der Lohnarbeiter. Es entstand ein System der Arbeitslosenunterstützung, der Sicherung der Renten und staatlich garantierter Bildung und Gesundheitsfürsorge.

Nicht weniger wichtig waren die Wandlungen in der Wirtschaftspolitik. Ihr Wesen hat bekanntlich Keynes formuliert, der mit Erfolg an die Stelle der marxistischen Revolution die Keynesianische Evolution gesetzt hat.

Keynes' Buch »Die allgemeine Theorie der Beschäftigung, des Zinses und des Geldes« (1936) erschien, als die Welt sich von der »großen Depression«, der schwersten Wirtschaftskrise in der Geschichte des Kapitalismus, zu erholen begann. Diese Krise hatte sich vor dem Hintergrund scheinbar glänzender und unbestreitbarer Erfolge der »sozialistischen Planwirtschaft« in der UdSSR und dem beginnenden Aufschwung einer »Planwirtschaft« (Vierjahresplan) des nationalsozialistischen Deutschland abgespielt. Die »Keynesianische Mutation« des freien Kapitalismus bestand darin, daß er konkrete Maßnahmen und eine ökonomische Methodik vorschlug, mit dem Ziel, die Arbeitslosigkeit zu verringern, die zahlungskräftige Nachfrage zu steigern und die Krise zu überwinden. Unter Beibehaltung des Privateigentums sollte eine wesentlich effektivere staatliche Regulierung der Wirtschaft erreicht werden. Der Keynesianismus war im Unterschied zum Marxismus nicht von einem global-negativen zerstörerischen Pathos durchdrungen. Er war eine konkrete reformistische Theorie mit einem hinreichend mächtigen Instrumentarium.

An die wirtschaftliche Ideologie des Keynesianismus klang der »New Deal« Präsident Roosevelts an. Während der schwersten Krise und Massenarbeitslosigkeit konnte die amerikanische Administration einzelne Grundsätze des klassischen freien Kapitalismus aufgeben. Sie ließ eine beträchtliche staatliche Einmischung in das Wirtschaftsleben zu. Dies erlaubte es in vieler Hinsicht, die Lage zu retten. Der »New Deal« hielt auch im Nachkriegseuropa Einzug.

Heute, fünfzig bis sechzig Jahre nach der Zeit des »New Deal« und der Blüte des Keynesianismus, können wir den Sinn jener Mutation besser verstehen, die der klassische Kapitalismus in der ersten Hälfte des 20. Jahrhunderts durchmachte und die ihn zu einem sozialen Kapitalismus werden ließ.

Voraussetzungen dieser Umwandlung waren die geistige Krise des Ersten Weltkrieges (die Legitimitätskrise grundlegender kapitalistischer Institutionen) und die schwere Wirtschaftskrise, die die Welt im Jahre 1929 erschütterte.

Die »Sozialisierung des Kapitalismus« schloß in der Tat zwei verschiedene, mitunter zusammenfallende, manchmal auch einander entgegengesetzte Tendenzen ein.

Die erste Tendenz ist die sozialpolitische: die Beseitigung aller juristischen Privilegien der reichen Gesellschaftsschichten, jede mögliche Stärkung der sozialpolitischen Rolle der Unterschichten. Dazu gehören zahlreiche soziale Garantien auf dem Gebiet der Medizin, der Bildung, der Renten usw., die mit Steuermitteln finanziert werden, sowie das System der Steuerprogression bei Privatpersonen, darunter auch die Erbschaftssteuer.

Die zweite Tendenz ist die ökonomische: eine aktive Haushalts- und Geldpolitik des Staates sowie der Versuch, damit die gesamte Nachfrage und den Beschäftigungsgrad zu steuern, sowie die Nationalisierung ganzer Wirtschaftszweige (unter der Voraussetzung von Entschädigungszahlungen).

Heute kann man mit einiger Sicherheit feststellen: Das Hauptergebnis der Sozialisation des Kapitalismus in der Wirtschaft besteht darin, daß es gelang, die westliche Gesellschaft zu retten. Dabei blieb sie unverändert in ihren wichtigsten, systembildenden Aspekten: legitimes Privateigentum, Markt, Trennung von Eigentum und Macht. Die Traditionen wurden bewahrt, sie fielen nicht dem Skalpell des linken oder rechten Extremismus zum Opfer. In den dreißiger Jahren, die die gefährlichsten waren, gelang es, mit dem Steuer des »New Deal« das westliche Automobil erfolgreich zwischen den Abgründen des Staatssozialismus (Rußland) und des Nationalsozialismus (Deutschland) hindurchzumanövrieren. Der »Semimarxismus« auf westlichem Grund erwies sich als Schutz vor dem echten Marxismus, ebenso wie der Reformismus Revolution und Totalitarismus abwehrte. Sobald der Markt stabilisiert und die Legitimität des Privateigentums garantiert waren, wurden die Schutzmechanismen der sich frei entfaltenden Wirtschaft wirksam.

Staatliche Regulierung und sozialer Reformismus ermöglichen die Vermeidung eines Aufruhrs der unteren Schichten. Aber sie führen nicht zu ökonomischem Fortschritt. Im Gegenteil, die Folgen längerer und konsequenter Durchführung einer solchen Politik sind nur zu bekannt. Es sind die Blockierung wirtschaftlichen Wachstums, Haushaltskrisen, Inflationsanstieg, Rückgang der privaten und geringe Effektivität der staatlichen Investitionen, Kapitalflucht, am Ende Stagnation und zunehmende Arbeitslosigkeit. Gerade hiergegen war die Keynesianische Politik gerichtet.

Deshalb schlug in den siebziger Jahren das Pendel der Wirtschaftspolitik im Westen in die entgegengesetzte

Richtung aus. Es setzte eine Rückkehr zu traditionellen Werten des Liberalismus und des freien Marktes ein. Dies fand seinen Ausdruck in der ökonomischen Theorie des Monetarismus, des legitimen Erben des klassischen Liberalismus. Politische Unterstützung erhielt diese Theorie mit dem Regierungsantritt von Politikern der »konservativen Welle« Ende der siebziger und Anfang der achtziger Jahre, vor allem von Margaret Thatcher und Ronald Reagan. Es kam zu einer massiven Privatisierung verstaatlichter Unternehmen. Die gewöhnlich mit extensiver Einmischung des Staates in die Wirtschaft einhergehende Inflation wurde entschieden bekämpft.

Ich werde mich nicht in Einzelheiten verlieren, die in dieser Arbeit vollkommen überflüssig sind. Kein Politiker mit gesundem Menschenverstand wird die Erfahrung anderer ignorieren, aber nicht einer wird sie mechanisch kopieren, nur um in Chicago[22] die Prüfung zu bestehen. Die Beschuldigungen, die seinerzeit gegen uns vorgebracht wurden, daß wir einen Staat statt nach marxistischen Dogmen nach denen des Monetarismus errichten wollten, waren bewußte Demagogie. Ich erinnere mich, daß Chasbulatow[23] seinerzeit auf dem Volksdeputiertenkongreß versuchte, mit mir eine öffentliche Diskussion zu beginnen. Es existierten verschiedene Konzeptionen des Marktes, so Chasbulatow, ein sozial orientierter Staat mit hohen Steuern (das »schwedische Modell«) und der klassisch-kapitalistische, liberale (das amerikanische Modell). Er, Chasbulatow, sei ein Befürworter des ersteren, Gajdar des letzteren, und die Deputierten sollten zwischen diesen Modellen den Entwicklungsweg für Rußland wählen (offenbar per Abstimmung!).

All dies ist in intellektueller Hinsicht lächerlich und in moralischer beschämend. Bedenkt man, daß beispielsweise die »soziale« deutsche Wirtschaft in der Geldpolitik bei weitem strengeren monetaristischen Traditionen folgt als die Wirtschaft der USA, so zeugt eine solche Art der Gegenüberstellung von einem hohen Maß an Unkenntnis. Sie wäre komisch, wenn sie nicht so betrüblich oder peinlich wäre.

Die Keynesianisten, die Monetaristen, der Sozialstaat, »klassische marktwirtschaftliche«, liberal-konservative und sozialdemokratische Regierungen im Westen – sie alle gehören einer globalen Tradition an, die sie gemeinsam bewahren konnten. Das ist der sozialökonomische Raum der westlichen Gesellschaft, die sich in jedem Fall auf die Trennung von Macht und Eigentum, die Legitimität des letzteren, auf die Achtung der Menschenrechte usw. gründet. Auf dieses Territorium zu gelangen, uns dauerhaft auf ihm anzusiedeln – darin besteht unsere Aufgabe. Dann und von dort aus können wir uns über unterschiedliche Modelle streiten.

Die tatsächliche Alternative ist heute in unserem Lande eine völlig andere.

Der Kapitalismus am Vorabend des 21. Jahrhunderts ist hundert bis hundertfünfzig ereignisreiche Jahre vom »klassischen« Kapitalismus entfernt. Gerade zu diesem neuen Kapitalismus müssen wir gelangen. In welcher Rolle wir dies tun, das hängt bereits von uns ab, von der Politik, die in Rußland betrieben wird.

Dabei geht es nicht um »Nichteinmischung« des Staates in die Wirtschaft, sondern um die Regeln der Einmischung, d. h. hauptsächlich darum, welche Gestalt der Staat selbst annehmen wird. Solange die Tradition des »östlichen« Staates nicht gebrochen ist, kann von »Einmischung« nicht die Rede sein. Nicht darauf ist der Staat diesen Typs programmiert, sondern auf die vollständige Unterdrückung. Das Resultat ist bekannt – wirtschaftliche Stagnation, die Evolution Rußlands zu einer Atommacht der Dritten Welt. Und das ist es, was wir kategorisch ablehnen und bekämpfen: Die Umwandlung unserer Wirtschaft – auf einer neuen Ebene – in eine Wirtschaft, die als »orientalische Produktionsweise« beschrieben werden kann, in die Wirtschaft eines »orientalischen Staates«[24].

2. Kapitel
Der besondere Weg des Einholens[25] der europäischen Zivilisation

Mongolen, Europäer, die sich hassen –
Als treue Knechte hielten wir den Schild
Gehorsam zwischen beide Rassen.
Alexander Blok[26]

Der Gegensatz zwischen »orientalischen« und »westlichen« Gesellschaften zog sich durch die gesamte Geschichte des größten Imperiums in der Welt, des eurasischen Rußland.

Faktisch »brach« Rußland erst im 16. Jahrhundert in Asien, in Sibirien ein. Freilich war Asien dreihundert Jahre zuvor in Rußland eingedrungen und hatte sich dort niedergelassen. Der Grund dafür ist klar: Unser Land nahm immer eine Zwischenstellung ein zwischen West und Ost, zwischen Okzident und Orient. Dabei kam ihm leider häufiger die Funktion eines »Schilds« zu als die einer »Brücke«. Die »Sonderrolle« unseres Landes wurde bekanntlich von vielen Faktoren bestimmt. Dazu gehörte das Schisma, das die christliche Kirche in die westliche (katholische) und die östliche (orthodoxe) mit starkem byzantinischem Einfluß spaltete. Weitere Ursachen dafür waren die riesigen Entfernungen, die geringe Bevölkerungsdichte und die schlechten Verbindungswege, die territoriale Abgeschnittenheit von Westeuropa. Entscheidend war jedoch offensichtlich die Nachbarschaft der Nomadenvölker.

Hier ist nicht der Ort, die reiche innere Geschichte der Steppe zu erörtern. Für die sozioökonomische Entwicklung Rußlands ist nur eine ihrer Seiten von besonderer Wichtigkeit: die regelmäßigen Einfälle östlicher Nomaden- und Agrarimperien. Der Nomade war das Raubtier der antiken und mittelalterlichen Welt. Wie ein Polarwolf auf einen kranken Hirsch, so stürzte sich der Nomade auf das orientalische Reich, wenn dieses von inneren Streitigkeiten und Widersprüchen oder durch den Prozeß einer »Beamtenprivatisierung« geschwächt war. Nicht selten setzte er einer herrschenden Dynastie ein Ende. Eroberer der Steppe haben regelmäßig westasiatische Staaten vom Erdboden getilgt, Staaten, die einen blühenden Handel trieben und in ihren sozialen Einrichtungen den europäischen Staaten schon recht nahe kamen. Solche Eroberungen bedeuteten nicht nur geplünderte Städte und zerstörte Bewässerungssysteme. Sie führten auch zur Beseitigung von Gesellschaftsstrukturen und Eigentumstraditionen, zu Neuaufteilungen von Land und Besitz.

Die europäische »Insel« war von drei Seiten vom orientalischen »Ozean« umspült: Rußland (die Rus') grenzte an die Steppe, an die Goldene Horde[27], Österreich an das Osmanische Reich und Spanien an die Mauren. In allen drei Staaten führte diese gefährliche Nachbarschaft zu entsprechenden Resultaten: zu einer Stärkung des Staates, des »Schilds«, zu einer mächtigen Bürokratie und einer verlangsamten Entwicklung. Die extreme Situation zusammen mit den oben genannten Faktoren forderte von Rußland einen besonders hohen Preis. Die gewaltige Masse der Steppe gab in vieler Hinsicht für den Gang der russischen Geschichte den Ausschlag, sie bestimmte die soziale Struktur des Moskauer Reiches. Die überwiegende Mehrheit der russischen Denker hielt den Mongoleneinfall und den danach herrschenden »asiatischen Geist« der Bürokratie, die »Autokratie des Khans« für das Unglück Rußlands schlechthin. (»Und nun, da ihr euch tatarisches Brauchtum zuhauf einverleibt habt, nennt ihr es Rußland«, schrieb der Dichter Alexej K. Tolstoj mit böser Ironie.) Freilich brachten auch diejenigen, die im Tatareneinfall das eigentliche Unglück Rußlands sahen, dies keinesfalls mit irgendwelchen nationalen Problemen in Zusammenhang. Eine »Tatarophobie« hat es in Rußland nicht gegeben.

Aber abgesehen von allen Emotionen ist ein objektives Faktum viel wichtiger. Dort, wo sich die orientalische und die westliche Gesellschaft begegneten, waren beide sozialen Strukturen stark vertreten. Während in kultureller und ideologischer Hinsicht der Einfluß des Westens stärker war, glichen die wirtschaftlichen und politischen Strukturen weitgehend dem Niveau der orientalischen Gesellschaften. Dabei handelte es sich um keine direkte Einflußnahme, um kein mechanisches Kopieren etwa der tatarisch-mongolischen Staats-und Eigentumsverhältnisse. Hier wirkte eine viel kompliziertere, in mancher Hinsicht paradoxe Logik der Geschichte.

Auf dem Höhepunkt des Tataren- und Mongolenjochs, im 13. u. 14. Jahrhundert, folgte Rußland im wichtigsten Bereich, dem der Bodenverhältnisse, dem generellen Weg des europäischen Feudalismus, wenngleich mit Verspätung. (Ich verweise den Leser auf die hervorragenden Arbeiten von N. Pawlow-Silwanskij zu diesem Thema.) Eine Fortsetzung dieser Tradition läßt sich in der Geschichte der westrussischen Fürstentümer von Wolhynien und Galizien verfolgen, die seit dem 14. Jahrhundert in die litauisch-polnische Welt mit ihrem schwachen Staat und einer mächtigen Adelsklasse, der Szlachta, integriert waren.

Das Paradoxon der Geschichte bestand darin, daß Rußland weniger teuer für das eigentliche Tataren- und Mongolenjoch bezahlen mußte als vielmehr für dessen Beseitigung. Gerade die übermäßigen Anstrengungen, die die Überwindung dieses Jochs kostete, haben die Weichen der russischen Geschichte für lange Zeit in die Richtung des »orientalischen Weges« gestellt.

Die Geschichte ließ Rußland nicht genug Zeit, um die Puppe des zersplitterten Feudalstaates in einen schönen Schmetterling zu verwandeln. Es vermochte nicht, einen auf Privateigentum basierenden Staat und ein System von Märkten zu schaffen, woraus sich eine Wirtschaftsmacht hätte entwickeln können. Der Kampf mit der Steppe forderte die äußerste Mobilisierung aller Kräfte der Gesellschaft.

Unter Iwan III., Wassilij III. und Iwan IV., dem Schrecklichen, als die entscheidenden Siege über die Horde errungen wurden, vollzog sich der beträchtliche Ausbau des Moskauer Staates auf Kosten der Städte und Bojaren. An Stelle einer Privatisierung des Grundbesitzes etablierte sich der bedingte Landbesitz, das Lehen. Der Staat übte eine sorgfältige Kontrolle über die Umverteilung des Bodens aus.

Eines der wichtigsten Beispiele für die Zerschlagung der Gesellschaft durch den Staat war die Strafaktion gegen Groß-Nowgorod. Seit Jaroslaw dem Weisen waren dort unbotmäßige Fürsten durch Beschluß der Stadtversammlung (Wetsche) verbannt worden[28]. Der Handel mit der Hanse und die allgemeine geistige Atmosphäre hatten dort selbst während der Tatarenherrschaft eine wirtschaftliche Blüte ermöglicht. Zudem hatten sie ein kritisches Verhältnis zu eingefahrenen Traditionen entstehen lassen.

Im Zuge der Abrechnung Moskaus mit Nowgorod wurden einflußreiche Nowgoroder Bürger verjagt, ihre Höfe übergab man Moskauern. Gleichzeitig wurden die Bauern an die Scholle gebunden (die Abschaffung des »Georgstages«, Erlaß von Boris Godunow[29]). Die Kirche verlor ihre Unabhängigkeit und wurde schließlich dem Staat willfährig. Nicht von ungefähr war Stalin von Iwan dem Schrecklichen so begeistert. Ihn faszinierte nicht allein die sadistische Grausamkeit des »russischen Nero«, sondern auch dessen staatliches Programm. Der Georgier konnte durchaus zu Recht seine »staatliche Genealogie« von diesem Rjurikiden[30] herleiten, der in seiner Art auf den Knochen Rußlands das Vorbild des totalitären Staates geschaffen hatte.

Das Moskauer Reich zur Zeit Iwans IV. trug eindeutig die Züge einer klassischen orientalischen Despotie. Es geht hier nicht um die persönliche Grausamkeit des »Schrecklichen«. Sein Zeitgenosse Cesare Borgia oder der etwas frühere Richard III. standen ihm hinsichtlich der Zahl ihrer Verbrechen nicht nach, aber ihre Staaten glichen nicht den orientalischen Despotien. Das Moskauer Zarentum jedoch erinnerte zunehmend an das Osmanische Reich Suleimans des Großen oder an den Iran unter Abbas I.[31] Auch hier dominierte das Lehnssystem. Die Umverteilung des Landes, der Handel und die Städte wurden vom Staat kontrolliert; die Untertanen, einschließlich der Vertrauten des Herrschers, waren völlig rechtlos. Die Hauptsache jedoch war, daß es kein vollwertiges privates Eigentum an Grund und Boden gab.

Damals begann sich der Staat rasch auszudehnen, u. a. kamen Sibirien und der Ural hinzu. Diese territoriale Expansion (die letzten Gebietsgewinne wurden 1945 gemacht) trieb Rußland jedoch in die »imperiale Falle«. Mit jeder neuen Eroberung nahm das Territorium zu, das erhalten, behauptet und erschlossen werden mußte. Dies saugte alle Säfte aus der mit Fruchtbarkeit nicht gesegneten Metropole. Rußland geriet gleichsam in Gefangenschaft, in die »Kolonie«. Es wurde zur Geisel eines militärisch-imperialen Systems, das sich vor dem auf den Knien liegenden Land als dessen ewiger Wohltäter und Retter vor äußerer Bedrohung, als ein Garant des Fortbestehens der Nation gerierte. Das Mongolenjoch wurde abgelöst von dem Joch der Bürokratie. Damit der Protest der Bevölkerung, welcher der Staat laufend unerträglich hohe Abgaben abverlangte, keine zu krassen Formen annahm, hielt man sie in ständiger Alarmbereitschaft. Man provozierte xenophobische Stimmungen und kultivierte einen Großmachtkomplex. Alles, was den Staat betraf, war sakrosankt.

Der Staat selbst trat als eine geistige Kategorie auf, als Gegenstand eines sorgsam aufrechterhaltenen Kultes – des Etatismus. Der russische Staat brachte letztlich immer nur eine einzige Religion hervor – den narzißtischen Kult seiner selbst, den Kult des »heiligen Staates«. So war es zur Zeit der offiziellen Orthodoxie wie in der des staatlichen Atheismus. Die Quintessenz dieses eigentlich heidnischen Machtkultes hat Alexander Solschenizyn sehr treffend mit den folgenden Worten ausgedrückt: »Man ist keineswegs verpflichtet, das Wort Gott mit großem Buchstaben zu schreiben, aber *Regierung* muß groß geschrieben werden.«[32]

Gewiß war damals die Existenz des Landes zuweilen ernsthaft gefährdet, z. B. in der »Zeit der Wirren«[33]. Aber nicht die Abwehr dieser Bedrohung war der alleinige oder entscheidende Grund dafür, daß der übermächtige Staat unablässig seine Macht steigerte und die Gesellschaft unterdrückte. Er lebte schon seit langem nur seinen eigenen Interessen. Die Eigenentwicklung des Staates erstickte die des Landes und ließ die Eigentumsverhältnisse verkommen.

Wie Nikolaj Berdjajew zu Recht sagte, »nehmen in der russischen Geschichte die Interessen der Errichtung, der Unterhaltung und Bewahrung eines großen Staates einen völlig exklusiven und erdrückenden Platz ein. Dem russischen Volk verblieben fast keine Kräfte für ein freies schöpferisches Leben ... Die Klassen und Schichten waren schwach entwickelt und spielten nicht die Rolle, die ihnen in der Geschichte westlicher Länder zukam. Die Persönlichkeit wurde erdrückt von den gewaltigen Ausmaßen eines Staates, der unmäßige Forderungen stellte. Die Bürokratie nahm monströse Ausmaße an. Das russische Staatswesen ... schmiedete sich im Kampf mit den Tataren, in der Zeit der Wirren, im Zuge auswärtiger Invasionen. Es wurde zu einem selbstgenügsamen, abstrakten Prinzip; es lebt sein eigenes Leben, nach eigenen Gesetzen und will keine untergeordnete Funktion des Volkslebens sein.«[34]

Der mächtige Staat, der eine territoriale, soziale und psychologische Expansion verwirklichte, fuhr wie ein schwerbeladenes Gefährt durch die Strukturen der Gesellschaft. Er brachte ihre Entwicklung zum Erliegen, nicht selten vernichtete er sie ganz einfach. Die segensreiche Basis einer komplexen Gesellschaft mit Privateigentum und Garantie vor Willkür konnte sich so nicht herausbilden. Der Staatskult verdarb das Bewußtsein der Gesellschaft, verursachte in ihr eine Reihe schwerer Komplexe, die uns sogar heute noch hindern, uns selbst und die Welt rational mit offenen Augen zu betrachten.

Sehr schnell stellte sich heraus, daß Rußland während des Kampfes mit seinen Gegnern im Osten katastrophal hinter dem Westen zurückgeblieben war. Der Rückstand im empfindlichsten Bereich, dem militärischen, war alarmierend. Auf den Sieg über die Goldene Horde folgte die Niederlage im Livländischen Krieg, die ständige Bedrohung von seiten Polens. So zeichnete sich seit dem 16. Jahrhundert ein grundsätzlicher Konflikt ab: Rußland befand sich im Zustand einer permanent hinter dem Westen herjagenden Zivilisation.

Es gibt zwei mögliche Antworten auf die europäische Herausforderung. Die erste besteht in dem Versuch, an Stelle der Strukturen, die zu Wirtschaftswachstum führen, nur dessen Resultate zu übernehmen und dabei »einen eigenen Weg« zu gehen. Das heißt, sich auf die Macht des Moskauer Staates zu stützen, die gefügige Gesellschaft anzutreiben und aus ihr so viel Leistung wie möglich herauszupressen. Wirtschaftlicher Aufschwung und die Überwindung des Rückstands sollen mit Hilfe der staatlichen Strukturen erreicht werden.

Tatsächlich ist Rußland ein einzigartiges Land. Es ist als erstes der »östlichen« Länder mit dem Westen in Berührung gekommen. Zugleich ist es das einzige, das den »westlichen« Weg nicht beschritten hat und jahrhundertelang in dem Zustand verblieben ist, den Westen »nahezu eingeholt zu haben«. Begreiflicherweise forderte dies einen hohen Preis und erschöpfte all seine Kräfte. Darüber hinaus war auch dies immer nur zeitweilig und auf einem engen Spektrum spezieller Bereiche zu erreichen, auf die sich die ganzen Ressourcen des Landes konzentrierten. Aber dies war schon ein Wunder; gerade so als hätten Treidler wenigstens für eine kurze Wegstrecke Luft geholt und im Laufschritt einen Lastkahn fast auf die gleiche Höhe mit einem Dampfer geschleppt. So etwas kann tatsächlich nur ein sehr reiches Land zuwegebringen. Im 21. Jahrhundert dürfte ein solches Wunder nicht mehr möglich sein. Wenn es nicht zu einer erfolgreichen echten, inneren Reform kommt, wenn wir uns nicht zu einer anderen Strategie entschließen, dann werden wir diesmal endgültig zurückbleiben.

Die andere Strategie besteht darin, das sozialökonomische System selbst zu ändern. Das wäre der Versuch, jahrhundertealte Schichten abzutragen, die zerbrochene soziale und kulturelle Einheit mit Europa wiederherzustellen, vom »östlichen« zum »westlichen« Weg überzuwechseln. Dies muß nicht mit einem Schlag, es kann schrittweise geschehen. Gestützt auf entsprechende, unter russischen Verhältnissen zu entwickelnde Institutionen, müssen mächtige Anreize für Innovationen, für Unternehmertum, ein intensives Wirtschaftswachstum geschaffen werden. Das aber heißt unweigerlich, die Rolle des Staates zu verringern.

Der Kampf um diese Alternativen ist seit dem 17. Jahrhundert der Angelpunkt der russischen Geschichte. In der Politik Peters I. waren diese beiden alternativen Möglichkeiten in seltsamer Weise miteinander verflochten, aber selbst hier lag das Übergewicht bei der Staatsgewalt, bei der Zuhilfenahme des Zwangsapparats. Natürlich fiel es Peter nicht ein, in irgendeiner Weise den Staat zu schwächen, er war im Gegenteil bemüht, ihn massiv zu stärken als sein wichtigstes taugliches Instrument bei der Lösung nationaler Aufgaben. In Europa gab es schon seit langem Manufakturen und Fabriken. Rußland benötigte sie ebenfalls. Allerdings waren sie in Europa auf der Grundlage kleiner Familienbetriebe, von Handwerk, erspartem Vermögen, Unternehmerinitiative und freier Arbeit entstanden. All das fehlte in Rußland und war in wenigen Jahren nicht aus dem Boden zu stampfen. Hingegen konnte man versuchen, dies alles durch staatlichen Zwang zu ersetzen. Vom Staat ausgewählte Fabrikanten erhielten kostenlose Arbeitskräfte, den Betrieben wurden Bauern zugeführt: ein Teil für den Bergbau, ein Teil für den Hochofen. Hohe Zölle sicherten den staatlichen Fabrikbesitzern eine privilegierte Monopolstellung.

Die Perspektivlosigkeit einer solchen Art der Industrialisierung sollte sich bald herausstellen. Die Moskauer Händler beklagten die schlechte Qualität der Waren aus den mit Leibeigenen arbeitenden Fabriken sowie die unerträglich hohen Preise. Sie drängten darauf, den freien Handel mit ausländischen Waren zu gestatten. Eine Regierungsinspektion der Fabriken in den dreißiger Jahren des 18. Jahrhunderts zeigte, daß viele von ihnen rein »fiktiv« waren und nur auf dem Papier existierten. Die Besitzer leiteten die gewährten Vergünstigungen und Privilegien ausschließlich »in die eigene Tasche«. Die Reaktion im Stile des staatlichen Dirigismus ließ nicht auf sich warten: Ein Erlaß von 1744 ahndete schlechte Warenqualität und fehlenden Eifer bei der Produktionsentwicklung mit dem »Ausschluß« »vieler Fabrikbesitzer aus [der Gruppe] der Fabrikanten«.

Der Umstand, daß die finanzielle Last seitens des Staates verstärkt wurde, belegt aufs deutlichste den Charakter der petrinischen Modernisierungsanstrengungen. Die Ausgaben für Heer und Flotte, die schon im Jahre 1680 für das schwachentwickelte Land eine schwere Bürde waren, vervierfachten sich gegen Ende von Peters Regierungszeit. Ihr Anteil am Staatshaushalt stieg von 50 auf 65 Prozent. Parallel dazu wuchsen entsprechend dem staatlichen Aktivismus die Ausgaben für die Staatswirtschaft. Hatten sie 1680 nur 4,5 Prozent des Haushalts betragen, so waren es 1725 schon 10 Prozent.

Hieraus ergaben sich Veränderungen in der Steuerpolitik. Die Einnahmen aus der neu eingeführten Kopfsteuer übertrafen gegen 1724 die aus der vorher existierenden Hofsteuer nahezu um das Fünffache. Die indirekte Besteuerung war drastisch überhöht. Als Hauptinstrument zur staatlichen Mobilisierung von Ressourcen gab es seit der Mongoleninvasion immer noch die Steuergemeinde und das Prinzip der Gesamthaftung. Sie bremsten die wirtschaftliche Entwicklung des russischen Dorfes erheblich. Unter der immensen Steuerlast, die ständig neu auf die arbeitsamsten und vermögendsten Gemeindebewohner verteilt wurde, hatten Versuche eines Ausbrechens aus der eingeführten Ordnung nicht den geringsten Sinn. Dazu fehlte es an Anreizen und Initiative. Die Steuergemeinde zementierte die landwirtschaftliche Rückständigkeit. Dabei ist gerade die Landwirtschaft das Fundament der nationalen Wirtschaft.

Bei allem Glanz militärischer Erfolge und technischer Verbesserungen werfen die petrinischen Reformen ein grelles Licht auf den selbstmörderischen Charakter der etatistischen Antwort auf die europäische Herausforderung. Ein mächtiger Staat, hohe Steuern, Überbesteuerung der Bauern, Gesamthaftung – dies alles kann nur eine schleppende ökonomische Entwicklung nach sich ziehen. Die natürliche Folge des teuer bezahlten ruckartigen Aufschwungs, der das Land bis zu 20 Prozent der Bevölkerung kostete, war ein erneutes Zurückbleiben hinter dem vorwärtsstrebenden Europa.

Die andere, nach wie vor positive Seite der petrinischen Reform liegt dagegen in der Betonung der kulturellen Zugehörigkeit zu Europa, im stark wachsenden Einfluß europäischer gesellschaftlicher Normen und Traditionen. Dies alles vollzog sich ebenfalls mit Methoden brutaler staatlicher Gewalt. Aber die Ergebnisse waren paradox: Der Staat bildete gewaltsam von ihm unabhängige soziale Gruppen. Das geschah natürlich nicht von heute auf morgen, aber doch ziemlich schnell, im Laufe von ein bis zwei Generationen. Unter europäischem Einfluß strebte nunmehr auch hier der Adel nach Unabhängigkeit und erstritt sich immer mehr Rechte und Freiheiten vom Staat. Allmählich entstanden Keimzellen einer bürgerlichen Gesellschaft mit einer zumindest minimalen Unabhängigkeit vom Beamtenapparat. Mitte des 18. Jahrhunderts bewegte sich der russische Aristokrat mit weit größerer Selbstverständlichkeit am französischen Hof als am osmanischen. Die sich ausbreitenden Vorstellungen von Bürgerrechten (natürlich in Gestalt von Adelsrechten) wiesen auf europäische Einwirkung hin. Das gleiche galt für die sich festigende Überzeugung von der Unverletzlichkeit des Privateigentums (freilich ebenfalls in erster Linie des adligen).

Dem nachpetrinischen »eurasischen« Rußland lag ein globaler Widerspruch zugrunde, der sich durch die ganze russische Geschichte des 18. bis 20. Jahrhunderts zog und mit dessen Ballast wir ins 21. Jahrhundert gehen. Indem man aus der Not eine Tugend machte, erklärte man diesen Widerspruch stolz für den »besonderen«, »messianischen« Weg. In Wirklichkeit ging es hier stets um einen bald offenen, bald verborgenen Kampf zwischen zwei Wegen und die Unmöglichkeit, sich für einen von ihnen zu entscheiden.

Im Riß dieses Widerspruchs kam zuerst das Zarenreich, dann das kommunistische Imperium zu Fall. Über diesem Riß errichten wir auch heute das Gebäude des neuen Rußland.

Wir kopierten in vielen, vor allem äußerlichen, kulturellen Formen den europäischen Weg. Jedoch fehlte uns das Wichtigste, ein entwickelter, von staatsbürokratischem Diktat freier Markt und freies Privateigentum. Allerdings gelang es auch nicht, die asiatische Produktionsweise vollständig zu erhalten. Es entstand eine Art permanenter Krise der »west-östlichen Gesellschaftsstruktur«.

Das zeigte sich in jeder Beziehung. Nach Peter I. bildete sich in Rußland eine besondere Bürokratie heraus. In ihren äußeren Formen übernahm diese die schlimmsten Erscheinungen der westlichen, der deutschen bzw. preußischen Bürokratie. Diese kombinierte sie dann mit der »asiatischen« Bürokratie der orientalischen Despotien, von deren Geist sie zutiefst durchdrungen war.

Von der preußischen Bürokatie entlehnte sie den formalen, »mechanischen« Charakter, die tiefe Entfremdung des Menschen von den bürokratischen Institutionen. Jedoch machte sie sich nicht die traditionelle deutsche Genauigkeit und Pedanterie zu eigen. Von der orientalischen Bürokratie stammten ihr starrköpfiger Geist, die Trägheit, die Schlamperei und natürlich das Grundübel der russischen Bürokratie, die tief verwurzelte Korruption.

Die Sozialstruktur der russischen Gesellschaft war pathologisch. Als ihr Modell kann man den Schloßplatz in Petersburg ansehen, einen glatte Fläche, in deren Mitte sich vertikal eine Säule erhebt. Es gab keine normalen, die Gesellschaft stabilisierenden, gleitenden Übergänge zwischen den unteren und oberen Schichten.

Adel und Bauern lebten gleichsam in zwei verschiedenen Ländern, sprachen und dachten buchstäblich in verschiedenen Sprachen (der Adel französisch). Eine ähnliche Sozialstruktur kennzeichnet heute nur noch einige Länder der »Dritten Welt«. Aber nicht einmal der Adel konnte als eine vom Staat unabhängige Klasse der bürgerlichen Gesellschaft gelten. Im Laufe des 18. und 19. Jahrhunderts wandelte sich die Sozialstruktur sehr langsam, nur mühsam ließ sich eine reale Unabhängigkeit von bürokratischer Kontrolle erreichen. Dieser Prozeß war selbst im Jahre 1917 noch nicht abgeschlossen, obgleich natürlich ein gewaltiger Fortschritt erzielt worden war.

Von der zweiten Hälfte des 19. bis zum Beginn des 20. Jahrhunderts war das, was man als bürgerliche Gesellschaft bezeichnen kann, schon fast vollständig auf die Beine gestellt. Es gab die materiell und sozial von Staat und Bürokratie unabhängige russische Intelligenzija und eine »Mittelklasse«, Unternehmer, wo sich der beste Teil des Adels, der Rasnotschinzy[35] und der Kaufleute vereinigte. Leider war diese kulturelle Schicht zu dünn, sie deckte nur einen unbedeutenden Teil der sozialen Landschaft. Sie zerriß schnell, da sie der übermäßigen Anspannung durch die sozialen Konflikte zu Beginn des 20. Jahrhunderts nicht gewachsen war.

Noch komplizierter verhielt es sich im Hinblick auf die Besitzverhältnisse und dabei speziell bei denen des Grundeigentums.

Im 17. Jahrhundert waren die Bodenverhältnisse in

Rußland stabil, wenngleich unergiebig. Ihnen lag das Gutsbesitzersystem und die Versklavung der ganzen Bevölkerung durch den Staat zugrunde. Das bedeutete die allgemeine Dienstpflicht, für die Adligen Militär- und Staatsdienst, für die Bauern Abgabepflicht. Die Keime von Privateigentum waren schwach und kaum wahrnehmbar. Die Ländereien waren zugleich Kronland, Adelsgüter und Bauernland. Alle erhoben darauf miteinander kollidierende Ansprüche. Natürlich gab es wie überall Tendenzen zur Privatisierung. Die Gutsbesitzer, die nur eingeschränkte Eigentümer waren, suchten das Land an sich zu binden, um es weitervererben zu können und ihre Eigentumsrechte zu erweitern. Aber gegen diese Tendenz richtete sich die entgegengesetzte, die staatliche Kontrolle und periodische Umverteilung des Bodens.

Zu Beginn des 18. Jahrhunderts gab die Übernahme der europäischen Erfahrungen und Traditionen der Adelsprivatisierung einen mächtigen Anstoß. Nun stellte sich heraus, daß das Privateigentum ein unverletzliches Recht war. Aus der komplizierten Struktur sich überschneidender Rechte wurde, ohne historische Evolution, kraft staatlicher Entscheidung ein Glied herausgenommen, und zwar der Gutsbesitzer, der Adlige. Unerwartet für den überwiegenden Teil der Gesellschaft – die Bauern – erhielt der Adel alle Eigentumsrechte.

In historisch gedrängten Zeiträumen vollzog sich eine Agrarrevolution. Sie hatte mit dem Gesetz Peters I. von 1714 begonnen, in dem die Einerbfolge vorgeschrieben und Dienstgüter den Erbgütern gleichgestellt wurden. Darauf folgten die Dekrete Anna Ioanownas von 1731 und 1736. Das Manifest Peters III. von 1762 über die Aufhebung der adligen Dienstpflicht und die Gnadenurkunde Katharinas II. von 1785 besiegelten diese Entwicklung. Formal wurden so die russischen Bodenverhältnisse den europäischen angeglichen. In Wirklichkeit jedoch zementierte diese Reform die Leibeigenschaft, indem sie einen der festesten Knoten von Widersprüchen schürzte, den die russische Geschichte je erfahren hat.

Das Privateigentum des Adels war hier, anders als in Europa, nicht das Ergebnis jahrhundertealter Tradition. Es wurde vom Staat schlagartig an Stelle der traditionellen feudalen Mischform eingeführt und war somit zu keinem Zeitpunkt fest verwurzelt gewesen, entbehrte der historischen Legitimation und rechtlicher Garantien. Das Gleichgewicht der Bodenverhältnisse im vorpetrinischen Rußland war mit einem Mal gestört. Das Land war den Adligen vom Staat als Entlohnung für ihren Dienst übergeben worden. Wenn sie jetzt vom Dienst befreit waren, dann entfiel auch die den Bauern vom Staat auferlegte Unterhaltspflicht. Im gängigen Bewußtsein stand dem adligen Anrecht auf Land das nicht weniger begründete Anrecht der Bauern gegenüber. Diese eiserne, auf Traditionen gestützte Logik war durch nichts zu erschüttern. Der Konflikt um die Adels- und Bauernrechte auf den Boden erwies sich als ständige Bedrohung der Stabilität und als Bremsklotz der ökonomischen Entwicklung.

Das durchweg private Grundeigentum der Gutsbesitzer wurde in Rußland nie als gänzlich legitim betrachtet. Hierin waren sich alle Gesellschaftsklassen einig. Diese Haltung ist glänzend in den Werken Lew Tolstojs, in seiner ganzen »adlig-bäuerlichen« Weltanschauung festgehalten. Bis zum 20. Jahrhundert sind im übrigen die Begriffe »Grundeigentum« und »Eigentum« praktisch gleichzusetzen. *Die fehlende Tradition einer grundlegenden Legitimität des Eigentums ist es, was Rußland in tragischer Weise von Europa unterschied. Es fehlte der entscheidende psychologisch-kulturelle Angelpunkt, an dem das ganze Gebäude des europäischen Kapitalismus befestigt war.*[36] Deshalb wurden auch die Lehren, die in vollem Glanz der neuen »europäischen Rationalität« die Legitimität des Privateigentums bestritten, eiligst aus dem Deutschen übersetzt und in Rußland als verwandtes Gedankengut aufgenommen.

Katharina II., mit Europa und dem europäischen Geist eng vertraut, tat nicht wenig für die Einführung von Marktinstitutionen unter russischen Verhältnissen. Das reichte von der Abschaffung der innerrussischen Zölle bis zum Übergang zu einer neuen, freieren, aktiven Industriepolitik. Katharina war sich selbstverständlich darüber im klaren, was für einen Archaismus und welch historische Sackgasse die Leibeigenschaft bedeutete. Um das zu erkennen, genügt es, mit Aufmerksamkeit ihre berühmte »Große Instruktion« zu lesen. Dennoch gewährte Katharina den Adligen eindeutig und vorbehaltlos das Recht auf privates Grundeigentum und Leibeigene. Damit begann sie gerade bei den Adligen mit der Herausbildung einer freien Schicht, die ein Äquivalent zu den europäischen Bürgern sein sollte. Hier gerieten sie und ihre Nachfolger in eine historische Sackgasse.

Die Bauern zu befreien, ihnen aber kein Land zu überlassen, das sie als ihr Eigentum betrachten konnten, hätte die sozialen Widersprüche und das dörfliche Elend lediglich verschärft. Die Folgen für die staatlichen Steuereinnahmen wären dabei unabsehbar gewesen. Aber die Bauern zu befreien und ihnen Land zuzuteilen, es also zwangsweise den Adligen wegzunehmen, hätte eine Verletzung der Adelsrechte und einen Akt der Willkür bedeutet. Das erste Recht, das die neue Schicht entschlossen verteidigte, war das unantastbare Recht auf ihr privates Grundeigentum. Die Krone fürchtete eine Verschwörung des Adels nicht weniger als Bauernaufstände (zumal das Schicksal von Peter III. und Paul I. höchst gegenwärtig war[37]).

Die Geschichte der Projekte für eine Agrarreform, der

internen Auseinandersetzungen, der Geheimen Komitees unter Alexander I. und Nikolaus I. ist die Geschichte des Versuchs, eine Lösung dieser fast unlösbaren Aufgabe zu finden.

Eine unbestätigte, von der Geschichte aber auch nicht widerlegte Überlieferung besagt, daß Nikolaus I. vor seinem Tod dem künftigen Zaren Alexander II. das Versprechen abgenommen habe, diesen Knoten zu zerhauen und die Bauern zu befreien. Unabhängig davon, ob sie zutrifft, ist diese Erzählung bezeichnend. Der Krimkrieg (1853–1856) und die demütigende Niederlage legten die Rückständigkeit des archaischen Imperiums gegenüber dem sich schnell entwickelnden Europa bloß. Sie offenbarten in vollem Ausmaß die Fehlschläge der vorangegangenen Jahrzehnte. Die Notwendigkeit, sich nicht nur die äußeren Formen, sondern den inneren Geist der europäischen Strukturen zu eigen zu machen, wurde offenkundig.

Nach dem Krimkrieg war sich der Großteil der politischen Elite darüber im klaren, daß die Zeit für neue Interessen und Pläne gekommen war. Eine ganze Reihe von Reformen war für Rußland lebensnotwendig, um die Voraussetzungen einer kapitalistischen Entwicklung sicherzustellen. In den folgenden sechs Jahrzehnten vollzog sich eine tiefgreifende Evolution der russischen Gesellschaft. Dazu gehörten die Abschaffung der Leibeigenschaft, die Justiz- und Heeresreform, die Einführung der lokalen Selbstverwaltung und die Konsolidierung des Eigentums. Diese Evolution glich die russischen gesellschaftlichen Institutionen den europäischen weitgehend an. Sie ebnete den Weg für eine rasche Industrialisierung und wirtschaftliche Erfolge. In dieser Zeit trat im Zuge der sich formierenden sozialökonomischen Strategie eine entscheidende Frage in den Vordergrund: Inwieweit muß der russische Kapitalismus, der russische Markt frei sein von staatlicher Gängelung, zuvörderst in dem für die Wirtschaft ausschlaggebenden Bereich – in der Landwirtschaft, beim Grundeigentum?

Das Erbe der Leibeigenschaft hatte für lange Zeit unseren sozialen Hintergrund ausgemacht. Jahrzehnte nach der Bauernbefreiung traf man noch überall im Wirtschaftsleben, im Alltag und in der Politik auf ihre Spuren. Sogar heute machen wir anhand einer Übersichtskarte der Wahlergebnisse von 1993 eine erstaunliche Entdeckung: Regionen mit starken marktwirtschaftlichen Tendenzen decken sich auffallend mit den Siedlungsgebieten, deren Bevölkerung keine Leibeigenschaft gekannt hat.

Die Bauernbefreiung selbst zwang zu einer Kompromißlösung, die weder die eine noch die andere Seite in dem Jahrhunderte währenden Streit um den Boden zufriedenstellte. Mit einer solchen Reform werden stets Hoffnungen verknüpft, die objektiv nicht zu erfüllen sind. Sowohl die Bauern als auch die Gutsbesitzer waren im Ergebnis mit der Reform unzufrieden. Die ersteren hatten ihrer Meinung nach zu wenig erhalten, die letzteren klagten, daß man ihnen zu viel weggenommen habe. Die Gutsbesitzer wurden gezwungen, auf einen Teil ihres Bodens zugunsten der Bauern zu verzichten. Diese waren durch die zu zahlenden Ablösungssummen gebunden und erst nach der Abzahlung in vollem Maße frei. Die Dorfgemeinde mit ihrer Gesamthaftung blieb erhalten, sie regelte die Abgabe- und Ablösungszahlungen der Bauern. Darüber hinaus wurden die Böden ihrer Verfügungsgewalt überstellt. Die Bauern selbst hatten noch immer nur sehr eingeschränkte Rechte. Ohne Erlaubnis der Dorfgemeinde erhielten sie keine Pässe und durften nicht zum Arbeiten in die Stadt ziehen. Man konnte sie jederzeit mit Polizeigewalt auf den Hof zurückholen. Der private Verkauf von Boden und das Ausscheiden aus der Dorfgemeinde unterlagen strengen Beschränkungen. In den Dokumenten, die die Rechte der Bauern auf Eigentum bescheinigen, waren weder die Lage ihres Landes noch dessen feste Grenzen festgelegt. Der Hausherr war nach seiner Befreiung kein Eigentümer, sondern eine Art Staatsbediensteter, der unter Aufsicht arbeitete. Mächtige egalitäre und gegen die Privatwirtschaft gerichtete Lehren breiteten sich in der Masse der Bevölkerung aus und zeitigten Wirkung.

Während die städtische Industrie, endlich frei geworden, in ihrer Entwicklung vorangetrieben wurde, war in der Landwirtschaft eine sich über Jahrzehnte hinziehende Krise und Stagnation zu beobachten. Dies war nicht verwunderlich. Das Fehlen von Anreizen für effektive Innovationen und Produktivitätsanstieg ging hier mit einer hohen Steuerlast, mit der Gesamthaftung und der Zunahme der Landbevölkerung einher. Deren Freiheit in der Wahl des Wohn- und Arbeitsorts wurde künstlich eingeschränkt. Entsprechend verschlimmerte sich die Landarmut, und um so nachdrücklicher erklangen die Forderungen nach einer neuen Umverteilung des Bodens.

Die Bauern, die in ihrer Masse die Agrarrevolution von Peter I. und Katharina II. niemals akzeptiert hatten, waren überzeugt, daß sich der Boden in der Verfügung des Herrschers befinde. Er könne und müsse ihn so aufteilen, daß er für alle reiche. Hinweise auf Privateigentum überzeugten, wie gesagt, kaum jemanden. Auch unsere heutige Erfahrung bestätigt das: Eine Reform war vonnöten, Umverteilung hat's gegeben.

Die Reaktion darauf war besonders unter der Herrschaft Alexanders III. zu spüren. Sie bestand in der wachsenden Besorgnis der Regierung, die bestrebt war, die staatliche Kontrolle auszudehnen und den landwirtschaftlichen Sektor zu regulieren. Nach den Vorstellungen der liberalen Autoren des Befreiungsmanifests sollten die Beschränkungen der bäuerlichen Rechte zeitlich befristet sein. Jetzt etablierten sich diese Beschränkungen zu Lasten der künftigen vollwertigen Privateigentümer, um für Jahrzehnte erhalten zu bleiben.

Ein Gesetz von 1886 unterwarf die Teilung von Landbesitz unter den Mitgliedern eines Bauernhofes strengen Restriktionen. Das Gesetz vom 8. Juli 1893[38] schrieb eine Umverteilung des Bodens in der Dorfgemeinde mindestens einmal in zwölf Jahren vor. Das Gesetz vom 14. Dezember 1893 erschwerte den Verkauf eines Landanteils sogar an Mitglieder der Dorfgemeinde erheblich und machte das Ausscheiden aus ihr praktisch unmöglich.

Je mehr sich aber der Staat in die laufende Regulierung der Bodennutzung einmischte und die Entwicklung privater Eigentumsverhältnisse behinderte, desto mehr verschärfte sich die landwirtschaftliche Krise. Um so mehr schwoll auch die Welle latenter Unzufriedenheit unter den Bauern an. Die Forderung nach einer Neuaufteilung des Bodens wurde immer hartnäckiger erhoben.

Zu Beginn des 20. Jahrhunderts erreichten die heftigen Auseinandersetzungen um die Agrarpolitik einen Höhepunkt. Zwei Richtungen gewannen dabei deutliche Konturen: zum einen die von Plehwe und zum anderen die von Witte und Stolypin[39].

Die politische Auffassung von Wjatscheslaw Plehwe findet sich äußerst einfach ausgedrückt in dem unter seiner Leitung vorbereiteten Bericht: »Die Bodenanteile, die von staatlicher Bedeutung sind, können nicht Gegenstand des freien Handels sein und unterliegen daher nicht der Geltung der allgemeinen bürgerlichen Gesetze.« Dies führte zu weitestgehender Kontrolle des Bodeneigentums. Es bedeutete die patriarchalische Bevormundung des Bauern und die Festsetzung strenger Obergrenzen für das Grundeigentum jedes einzelnen Hofes. Die Entstehung des Großbauerntums als Klasse sollte verhindert werden.

Diametral entgegengesetzt war die Position von Sergej Witte. Seiner Auffassung nach waren die Versuche zur Beibehaltung staatlicher Kontrolle über die Bauern ein wesentlicher Faktor der ökonomischen Rückständigkeit. In seinen Augen lag hier die Ursache für eine potentielle sozialpolitische Gefahr. Witte erkannte den Zusammenhang zwischen der schwachen Stellung des Privateigentums und einer drohenden Revolution. Daher waren die entscheidenden Punkte in seinem Programm die folgenden:

- Gleichstellung der Bauern hinsichtlich der Bürgerrechte mit den anderen Schichten,
- Abschaffung des besonderen Strafsystems für die Bauern,
- Unterordnung der privatrechtlichen Verhältnisse der Bauerngemeinde unter die bürgerlichen Gesetze,
- Rückgabe des Rechts an die Bauern, die Dorfgemeinde zu verlassen,
- Garantie der Anrechte auf einen persönlichen Landanteil,
- Umwandlung des ausgehöhlten Hofeigentums in Privateigentum der Besitzer,
- Abschaffung der Einschränkungen von Bewegungsfreiheit und Wahl des Wohnorts.

Mit einem Dekret vom 12. März 1903 gelang es Witte bereits, eine Entscheidung über die Abschaffung der Gesamthaftung herbeizuführen. Mit dem Manifest vom 11. August 1904 wurde die Körperstrafe abgeschafft. Jedoch bedurfte es der massiven, in die Revolution von 1905 - 1907 mündenden ländlichen Unruhen, um die Regierung im vollen Ausmaß die Gefährlichkeit und Perspektivlosigkeit der

Politik der staatlichen Gängelung erkennen zu lassen. Erst jetzt entschloß sie sich zu den Agrarreformen Stolypins. In der tiefen persönlichen Abneigung Wittes gegen Stolypin zeigt sich seine ganze Verbitterung darüber, daß nicht ihm die Realisierung der längst herangereiften Reformen gelungen war.

Das politische Bekenntnis Pjotr Stolypins war folgendes: »Solange in der Landwirtschaft keine hochqualifizierte Arbeit geleistet wird, und das heißt freie Arbeit, keine Zwangsarbeit, wird sie dem Konkurrenzkampf mit unseren Nachbarn nicht standhalten ... Sonderstellung, Bevormundung und Ausnahmevorschriften können den Bauern auf Dauer nur arm machen und schwächen.« Mit seiner Agrarpolitik bot Stolypin das in der russischen Geschichte seltene Beispiel eines großen in Staatsdimensionen denkenden Politikers, der die Rolle des Staates in der Wirtschaft einzugrenzen suchte. Die von ihm ausgearbeiteten Dekrete vom 5. Oktober und 9. November 1906 schafften die Sonderstellung der Bauern ab. Sie garantierten diesen das Recht, ihr Land unter Familienmitgliedern aufzuteilen und Anteile zu verkaufen. Sie konnten aus der Dorfgemeinde ausscheiden und die Umwandlung ihres Anteils am gemeinsamen Eigentum in ihr Privateigentum fordern. Sie konnten Parzellen zusammenlegen und das Hofeigentum durch privates ersetzen. Das wichtigste Hindernis auf dem Weg der Agrarentwicklung war damit endlich beseitigt.

Die Zahl der Bauernhöfe, die aus der Dorfgemeinde austraten, war in den Jahren 1906 und 1907 noch gering, wuchs in der Folgezeit jedoch lawinenartig an und erreichte im Jahre 1909 einen Höhepunkt (579000 Höfe). Ein mächtiger Stimulus zur Entwicklung separater Höfe war die Möglichkeit, bei der Bauernbank gegen Grundstückssicherheiten Zinsdarlehen aufzunehmen. Nach und nach stellten immer mehr Organisationen Hypothekenkredite zur Verfügung. Es gab zehn Aktionärs-Agrarbanken, 36 städtische und Gouvernements-Kreditgesellschaften, ein regelrechter Grundstücksmarkt entstand. Der Umfang der Bodenverkäufe stieg im europäischen Rußland von 157000 Desjatinen[40] im Jahre 1908 auf 724000 Desjatinen im Jahre 1913.

Der landwirtschaftliche Sektor reagierte auf die neuen Impulse mit einer raschen Zunahme von Umfang und Effektivität der Agrarproduktion. Die Bruttoproduktion im europäischen Rußland der Jahre 1909 bis 1913 übertraf die des Jahres 1900 um ein Drittel. Die Getreideproduktion nahm von 1900 bis 1913 auf mehr als das Anderthalbfache zu, der Getreideexport konnte nahezu verdoppelt werden.

Zu keiner Zeit entwickelte sich die russische Landwirtschaft so erfolgreich wie in der kurzen Spanne zwischen Dorfgemeinde und Kolchose. So gab die Geschichte die experimentelle Antwort auf die Spekulationen über den »angeborenen Kollektivismus« des russischen Bauern, seine »unüberwindliche« Ablehnung des Privateigentums. Zumindest für den aktivsten Teil der vorrevolutionären Bauernschaft traf dies eindeutig nicht zu. Sollte es heute gelingen, einen echten Grundstücksmarkt zu erzeugen, dann werden meiner Ansicht nach die Resultate nicht weniger beeindruckend sein, ungeachtet der fraglos gesunkenen Arbeitsmoral während der jahrzehntelangen Zersetzung durch die Kolchose.

Nach der Bauernbefreiung ließen sich auch die Erfolge in der Industrialisierung des Landes nicht von heute auf morgen erreichen. Zum größten Hindernis wurde hier das chronische Defizit an nationalen Ersparnissen. Die Bauern waren mit Steuern und Loskaufzahlungen überlastet. Solange die Dorfgemeinde beibehalten wurde, fehlten ihnen jegliche Anreize zur Entwicklung der Produktivität. Daher konnten sie nicht Quelle nennenswerter freiwilliger Ersparnisse sein. Der Adel, der überkommenen Normen gemäß einen kostspieligen Konsum zur Schau zu stellen pflegte, kam ebensowenig für die Rolle eines großen Financiers der Wirtschaftsentwicklung in Betracht. Der Staatshaushalt war chronisch defizitär und untergrub das Vertrauen in die nationale Währung. Das Eigenkapital der jungen inländischen Unternehmer reichte nicht aus, um das Land in eine Region dynamischen ökonomischen Wachstums zu verwandeln.

Äußerst schwach und wenig effektiv waren auch die nationalen Institutionen der Akkumulation und der Umverteilung der Ersparnisse. Eine wenig entwickelte Geschäftsmoral, die unselige Tradition fiktiver Konkurse ließen nicht hoffen, daß der nationale Bankensektor die Industrialisierung langfristig und im großen Maßstab kreditieren könnte.

Die russischen Regierungsorgane waren mit dem schwierigen Problem konfrontiert, bei ungenügendem nationalen Kapital einen Rückstand in der Entwicklung aufholen zu müssen. Seit den achtziger Jahren stellten sie das Bestreben, die staatlichen Finanzen und den Geldumlauf zu konsolidieren, in den Mittelpunkt ihrer Politik.

Die Finanzreformen und die Verschärfung der Steuerpolitik unter Iwan Wyschnegradskij[41] und Sergej Witte sicherten einen stabilen Überschuß des laufenden Staatshaushalts, der bis zu 20 Prozent seiner Ausgaben betrug. Es wurde die Voraussetzung für eine Währungsreform und die Wiederherstellung der Goldwährung geschaffen. Rußland wurde einer der begehrtesten Kreditnehmer auf dem internationalen Kapitalmarkt. Seit den achtziger Jahren des 19. Jahrhunderts befand sich das Land konstant auf dem Weg einer vom Staat stimulierten kapitalistischen Industrialisierung, die Importe ersetzen sollte. Die Maßstäbe des nationalen Markts und die reiche eigene Rohstoffbasis versprachen ernstzunehmende Erfolge dieses Kurses.

Mit Direktfinanzierung bzw. unmittelbarer finanzieller Unterstützung des Staates entwickelte sich das Programm des Eisenbahnbaus. Bedeutende Kapitalinvestitionen in diese Branche schufen einen großangelegten Markt für Industrieerzeugnisse und trieben die Entwicklung eines Komplexes miteinander verbundener Industriezweige voran.

Die langfristige Stabilität der Staatsfinanzen gegen 1898 ermöglichte die Rückkehr zur Goldwährung. In dieser Situation bekundeten starke ausländische Investoren ihr Interesse am russischen Markt. Gegen 1900 stammten 28,5 Prozent des Kapitals einheimischer russischer Gesellschaften aus ausländischen Quellen, gegen 1913 ungefähr 33 Prozent. Die Schutzzölle von 1891 und direkte Vergünstigungen für nationale Lieferanten erlaubten es, die für den Eisenbahnbau bestimmten Mittel zur Förderung eines raschen Wachstums der einheimischen Industrie zu nutzen. Die Nachfrage nach Metallen und rollendem Material stieg rasant, ebenso die Erteilung von Auftragsarbeiten. In den neunziger Jahren des vorigen Jahrhunderts nahm die Länge der Eisenbahnstrecken um das Anderthalbfache, die Industrieproduktion um mehr als das Doppelte zu.

So spielte der Staat eine große Rolle bei der Förderung der Produktion, dies entsprach der realen Struktur der Wirtschaft. Entscheidend aber war die Richtung der Bewegung. Dank der Anstrengungen des Staates verminderte sich sein allgemeines Gewicht in der Wirtschaft. Schneller wuchs der nichtstaatliche Sektor, gerade er wurde dominierend.

Bei dem damaligen Besteuerungssystem liegt es auf der Hand, aus welchen Quellen die den staatlichen Investitionen zugrundeliegenden Staatseinnahmen stammten. In erster Linie waren das die Bauernhöfe (Verbrauchssteuern, die auf Alkohol, Salz, Streichhölzer, Petroleum usw. erhoben wurden). Die Verbindung staatlicher Kapitalinvestitionen mit der Besteuerung der Bauern ließ sich unschwer im Spiegel des Außenhandels erkennen. Es gab einen umfangreichen Getreideexport, während gleichzeitig im Lande selbst Mangel herrschte, was Wyschnegradskij mit den Worten ausdrückte: »Wir essen uns nicht satt, aber wir exportieren.«

Unterdessen geriet um die Jahrhundertwende die landwirtschaftliche Produktion mit ihren immer noch begrenzten Anreizen und Möglichkeiten einer privatkapitalistischen Entwicklung ins Stocken. Das erklärt, warum Rußland ungeachtet seines raschen industriellen Wachstums nach wie vor im Hinblick auf das nationale Pro-Kopf-Einkommen der Bevölkerung[42] hinter den fortgeschrittensten Ländern des Westens zurückblieb.

Das sozialpolitische Risiko einer solchen Politik war offenkundig. Es war schwer vorauszusagen, wie lange die Passivitität der Bauern anhalten würde und wieviel man dem mit den Relikten der Leibeigenschaft belasteten Dorf noch aufbürden konnte. Die Aufgaben, die Industrialisierung zu finanzieren, verleiteten zudem zu einer Politik, die die Dorfgemeinde als fiskalischen Mechanismus erhalten wollte. Sie konservierten somit auch die Rückständigkeit in der Landwirtschaft.

Zu Beginn des Jahrhunderts war nicht genau vorherzusehen, was zuerst eintreten würde: Entweder es gelang, einen industriellen Aufschwung zu erreichen und einheimische Unternehmer heranzubilden. Das würde die Bauern von ihrer übermäßigen finanziellen Belastung befreien und zugleich die russische Industrialisierung auf eine neue, solidere finanzielle Grundlage stellen. Andernfalls würde eine politische Krise alle Hoffnungen auf eine stabile Entwicklung zunichtemachen. Die kapitalistische Industrialisierung in Rußland befand sich im Wettlauf mit einer wachsenden politischen Destabilisierung.

Das archaische, in Furcht vor der heraufziehenden Revolution erstarrte und bis auf die Knochen korrumpierte zaristische Regime war dem Untergang geweiht. Das war zu Anfang des Jahrhunderts allenthalben offenkundig. Die eigentliche Frage war die, welcher Art die bevorstehenden radikalen Veränderungen sein würden. Konnte sich die Wirtschaft im Lande noch stabilisieren? Würde die Mittelklasse ihre Interessen erkennen und sich politisch konsolidieren, um die Wucht des bevorstehenden Schlages aufzufangen? Konnte das gesellschaftliche Bewußtsein die Idee von der Legitimität des Privateigentums so weit verinnerlichen, daß die Revolution keinen sozialistischen Charakter annähme, der das Privateigentum von Grund auf beseitigte?

Obgleich die zu Beginn des 20. Jahrhunderts sich aufs dramatischste verschärfenden Konflikte zu einer Verminderung des wirtschaftlichen Wachstums führten, stiegen nach der Niederlage der Revolution von 1905-1907 die Chancen erheblich, in diesem Wettlauf zu gewinnen.

Die bäuerlichen Unruhen zerstörten im Bewußtsein der herrschenden Elite die Illusion einer ewigen Botmäßigkeit und Zuverlässigkeit der Bauern. Endlich wurde die Bodenreform in Angriff genommen, die das Haupthemmnis in der Entwicklung des Dorfes überwinden sollte, nämlich die Strukturen der Dorfgemeinde und das Fehlen privaten Grundeigentums.

Die gegen Ende der neunziger Jahre erreichte Sicherheit des Finanzsystems gestattete es, ohne schwerwiegende finanzielle Erschütterungen die Zeit des russisch-japanischen Krieges und der Revolution von 1905-1907 zu überstehen. Wenig später war Rußlands Ruf als eines erstklassigen Kreditnehmers wiederhergestellt.

Im Aufschwung der Jahre 1909 bis 1913 lassen sich bereits grundsätzlich andere Züge erkennen. Der Staat spielte bei der Finanzierung von Kapitalanlagen und bei der Stimulierung der Industrialisierung eine deutlich geringere Rolle. Die Sparkasseneinlagen wuchsen rasch, ebenso der Umfang des Privatkapitals, das durch Aktiengesellschaften mobilisiert wurde. Die eigenen Finanzquellen russischer Banken konsolidierten sich beträchtlich. Ihr Renommée verbesserte sich, sie waren bereits aktiv an der Finanzierung langfristiger Investitionsprojekte beteiligt. Die Stolypinsche Reform bewirkte schließlich eine Steigerung der Effektivität der Landwirtschaft. Ihr positiver Einfluß schlug sich im zunehmenden Getreideexport nieder.

Dies war wahrscheinlich erstmals in der Geschichte Rußlands ein wirtschaftlicher Aufschwung, der weniger von staatlichem Willen inspiriert war, als daß er aus der Tiefe der Gesellschaft selbst kam. Die Gesellschaft erwies sich als gesunder, eigendynamischer Organismus.

Gewiß, die Quellen sozialpolitischer Instabilität waren nicht beseitigt. Der latente alte russische Streit um den Boden, darum, ob es gerechtfertigt sei, Boden zu besitzen, hielt unverändert an. Die Einkommensunterschiede waren extrem hoch. Eine rigide, mit geradezu selbstmörderischer Starrköpfigkeit regierende Bürokratenschicht, die zu keinerlei Zugeständnissen bereit war und damit die politischen Konflikte verschärfte, tat alles, um eine furchtbare Explosion zu provozieren. Sehr rasch war ein junges städtisches Proletariat entstanden. Dieses war schon nicht mehr an traditionelle bäuerliche Strukturen gebunden, aber auch noch nicht in die ganz und gar neue städtische Lebensweise integriert. Es machte einen schmerzlichen Anpassungsprozeß durch und war ein geeignetes Objekt für sozialistische Agitation. Indes keimten bereits Hoffnungen, ein stabiles, auf freiwilligen Ersparnissen und Privatinvestitionen beruhendes Wirtschaftswachstum werde die Grundlage für eine schrittweise friedliche Regelung der sozialen Konflikte schaffen.

Es schien, als hätte Rußland den Wettlauf mit der Zeit gewonnen und sich die Grundlagen eines stabilen kapitalistischen Wachstums gesichert. Der Weltkrieg, in den das Land hineingezogen wurde, machte diese Hoffnungen zunichte.

3. Kapitel
Drei Quellen und drei Bestandteile des Bolschewismus

Der dunkle Wirbel der fortschrittlichen Ideologie kam aus dem Westen zu uns geflogen
Alexander Solschenizyn

Ich sage also auf der Versammlung: »Es gibt keine Internazjonale, es gibt nur die russische Volksrevolution, den Volksaufstand. So wie bei Stepan Rasin.« – »Und Karl Marxow?« fragen sie mich. »Ist ein Deutscher und also ein Dummkopf«, sage ich.– »Und Lenin?« – »Lenin«, sage ich, »kommt aus dem Volk, ist ein Bolschewik, aber ihr seid anscheinend Kommunesten.«
Boris Pilnjak: Das nackte Jahr[43]

Die Umwandlung des gegenwärtigen imperialistischen Kriegs in den Bürgerkrieg ist die einzig richtige proletarische Losung.
Wladimir I. Lenin[44]

Als ernstzunehmende historische Erscheinung wurde der Bolschewismus am 28. Juni 1914 in Sarajewo geboren. An diesem Tage ermordete Gavrilo Princip, keineswegs ein Bolschewik, sondern Mitglied der Organisation »Junges Bosnien«, den österreichischen Thronfolger Erzherzog Franz-Ferdinand. Dies war der Auftakt zum Beginn des Ersten Weltkriegs. Lenins Redaktionskollege bei der Zeitung »Iskra« (Der Funke)[45], Alexander Potressow, erkannte ganz richtig, daß der Bolschewismus weniger von diesem Funken als vielmehr vom Feuer des Weltkrieges entzündet wurde. Er drückte das so aus: »Die tödliche Welle des Kommunismus erhob sich aus der Sturmflut des Ersten Weltkriegs.«

Im folgenden sei eine künstlerische Beschreibung der Geburt des Bolschewismus zitiert:

> »Drache: Wissen Sie, an was für einem Tag ich das Licht der Welt erblickt habe?
> Lanzelot: An einem unglücklichen.
> Drache: Am Tag einer fürchterlichen Schlacht. Genau an dem Tag, als Attila seine Niederlage erlitt – wissen Sie, wieviel Krieger dazu notwendig waren? Die Erde war von Blut getränkt. Die Blätter auf den Bäumen waren ausgedörrt und gen Mitternacht gerichtet. In der Morgendämmerung wuchsen unter den Bäumen riesige schwarze Pilze, Grabespilze genannt. Und nach ihnen bin ich aus der Erde gekrochen. Ich bin ein Kind des Krieges. Der Krieg, das bin ich.« (Jewgenij Schwarz, Der Drache)[46]

Der Bolschewismus war in der Tat ein Kind des Krieges, und folglich trug er den Krieg in sich. Der Kommunismus war immer ein »Kriegskommunismus«. Allerdings ging es dabei um unterschiedliche Kriege; am Anfang stand der Bürgerkrieg, dann kam der Krieg gegen die Bauern, die Kollektivierung, später folgte der »Kalte Krieg«, der psychologische. Der Kommunismus ging unter, nachdem er alle diese Kriege verloren hatte, aber »der Schoß ist fruchtbar noch, aus dem das kroch«.

Der Erste Weltkrieg bewirkte die »Bolschewisierung« der Gesellschaft, in erster Linie die psychologische. Ich werde hier nicht das rekapitulieren, was allgemein bekannt ist. Während der Jahre des aufreibenden, endlosen Stellungskrieges nahmen in Rußland alle Formen sozialer

Konflikte eine völlig andere Gestalt an. Je länger der Krieg dauerte, desto unverständlicher, abwegiger, ja feindseliger erschienen dem einfachen russischen Menschen seine Ziele. (Ging es um Bündnistreue? Um die Annexion Konstantinopels und der Meerengen? Um eine Reaktion auf die deutsche Herausforderung oder um Hilfe für die »serbischen Brüder?«) Da half es wenig, den Krieg in den Zeitungen immer wieder als einen »vaterländischen« zu bezeichnen.

Der Charakter der Veränderungen im gesellschaftlichen Sein und Bewußtsein drückt sich in der traurig berühmten Redensart jener Jahre aus: »Heute ist Salz teurer als Gold und das Leben billiger als Salz.«

Aber man muß wissen, daß Blut »ein ganz besonderer Saft« ist. Was mit Blut besudelt war, wurde entweder zu etwas Heiligem oder zu etwas Verbrecherischem. Ein Mittelding gab es nicht. Politik kann fehlerhaft sein oder auf Kompromisse bedacht. Der Krieg, ein wirklicher großer Krieg, der die Anspannung aller Kräfte der Nation fordert, ist keine »Fortsetzung der Politik mit anderen Mitteln«. Der Krieg ist die Vernichtung aller Politik. Wo er als »heilig« aufgefaßt wird, führt dies zu einer massiven Stärkung des Staates, wo er als verbrecherisch gilt, geht der Staat zugrunde. Aber das betrifft nicht allein den Staat. Krachend stürzen alle Formen der Legitimität einer Gesellschaft ein, auf denen allein sie im wesentlichen beruht. Wie die Geschützsalven des Krieges das Rückgrat des gesamten Moralsystems zertrümmern und wie der Soldat verroht, der sich betrogen glaubt, wird anschaulich in Scholochows »Stillem Don« gezeigt. Der Held des Romans schildert dies so: »Im Jahre fünfzehn, als ich vom Krieg genug gesehen hatte, bin ich drauf gekommen, daß es keinen Gott gibt. Überhaupt keinen! Wenn es einen gäbe, was hätte er für ein Recht, so eine Unordnung über die Menschen kommen zu lassen? Wir Frontkämpfer haben Gott abgeschafft, wir haben ihn den alten Leuten und den Weibern überlassen.«[47]

Es versteht, sich, daß die Frontsoldaten, die Gott »abgeschafft hatten«, den Zaren verachteten (ganz Rußland sprach nur vom Zar-Rasputin[48]), dem Vaterland nicht trauten und aus Verteidigern des Staates zu seinem erbittertsten bewaffneten Feind wurden. Die Leninsche Losung war bereits in ihre Seele eingedrungen, sie bestimmte die Atmosphäre an der Front. Es bedurfte nur noch eines Politikers, der es wagte, sie offen auszusprechen und zu legitimieren, der diese Granate scharf machte und ins Pulverfaß des Krieges warf. Wer die radikale Negierung alles Bestehenden am weitesten trieb, wer am lautesten in den Ruf »Alles ist erlaubt!« einstimmte und den wilden, durch den Krieg wachgerufenen Instinkten den freiesten Lauf ließ, dem war der Sieg gewiß.

Ohne durch den verklärenden Glanz der »marxistischen Religion« wären Lenins Parolen – »Den imperialistischen Krieg in einen Bürgerkrieg verwandeln!«; »Raubt das Geraubte!« – vor dem Gericht des einfachen gesunden Menschenverstandes und der Moral als unverhüllte Aufrufe zu Plünderung und Mord erschienen. Aber da es die marxistischen Dogmen waren, die als Stützpunkte der Selbstrechtfertigung dienten, veränderte sich alles wie durch Zauberei. Mit diesem Stützpunkt war Lenin, ein ehrgeiziger Fanatiker und geborener Diktator, bereit, die ganze Welt aus den Angeln zu heben.

Der Krieg schuf eine wirklich revolutionäre Situation. Objektiv war die Lage ungeheuer schwierig (»die Verschärfung von Not und Armut der unterdrückten Klassen über das gewöhnliche Maß hinaus«). Subjektiv war sie hochexplosiv. Alle Traditionen, alle bewußten und unbewußten Formen von Legitimität, die ein Abfangen sozialer

Konflikte ermöglicht hätten, wurden vernichtet. Die gesamte Gesellschaftsstruktur galt als ungesetzlich, die zu zerstören moralisch erlaubt, die zu schützen jedoch keinesfalls zulässig war (»die unteren Schichten wollen nicht in der alten Weise leben, die oberen können nicht in der alten Weise leben«).

Es gab ein alle vereinendes Ziel, eine alle vereinende Losung: »Nieder mit dem Krieg!« Natürlich hätte Lenin mit der Devise »aus dem imperialistischen Krieg hinein in den Bürgerkrieg« bei den Massen keinen Anklang gefunden, das waren Aufrufe an »die Seinen«. Die Massen sollten ja glauben, daß es gelingen würde, das Geraubte zu rauben – ohne neuen Krieg.

So flossen drei verschiedene Ströme zu einem zusammen und bewirkten eine Art »Überresonanz«: die Verrohung durch den Krieg, der »ewig Pugatschowsche[49] Geist im Volk« und der leninistisch-marxistische Fanatismus. Das waren die *drei Quellen*[50] des Bolschewismus. Im Moment ihrer Vereinigung kam es in der Geschichte Rußlands zu einer gewaltigen Explosion, die sich auf die gesamte Weltgeschichte auswirken sollte.[51]

Der Krieg lieferte Lenin das nahezu fertige Modell einer Wirtschaftsstruktur: den militär-industriellen Komplex und den militär-industriellen Kapitalismus in einem. Für Lenin fielen diese beiden Bedeutungen im Grunde genommen zusammen. Militarisierung und Monopolisierung der Wirtschaft wurden zur Grundlage für die bolschewistischen Experimente mit der Wirtschaft Rußlands.

Seit Beginn des Krieges nahmen die staatlichen Eingriffe in Produktion und Verteilung massiv zu. Ein freier Markt war für die Bedürfnisse einer militärischen Mobilmachung weit weniger geeignet als strenge staatliche Regulierung. So schien es zumindest in Deutschland und Rußland (obgleich der ökonomische Sieg im Krieg den USA zufiel, wo das Ausmaß staatlicher Kontrolle viel geringer war als in Deutschland). In Rußland entstand eine Vielzahl militär-industrieller Komitees, »Sonderkollegien« u.a. für Treibstoff, Transportwesen, Lebensmittelversorgung. (Eine Ironie der Geschichte liegt darin, daß es ohne den Krieg mit seiner militarisierten Wirtschaft und ohne diese »Sonderkollegien« auch nicht zu den stalinistischen »Sonderkollegien« gekommen wäre.)[52]

Ganz allgemein kann man den Krieg als den größtmöglichen Eingriff des Staates in das menschliche Leben und ins Leben der Gesellschaft charakterisieren. Das ist nicht nur an der Front, sondern auch im Hinterland so und zeigt sich in allen Bereichen, vorrangig jedoch in der Wirtschaft.

Nicht die marxistische Doktrin allein, sondern die reale militär-industrielle Praxis und ihre Analyse dienten als Grundlage für die beste, in den Kriegsjahren verfaßte Arbeit Lenins: »Der Imperialismus als höchstes Stadium des Kapitalismus«. Lenin beschreibt den militär-industriellen Komplex, für den die deutsche Kriegswirtschaft das »ideale Modell« lieferte, und nennt für ihn ganz präzise Charakteristika.

Ein freier marktwirtschaftlicher Kapitalismus wird, wie Lenin richtig sagt, wenn er unter strenge staatliche Kontrolle gerät, zum Imperialismus. Ich erinnere an seine klassische Beschreibung: »Der Imperialismus ist ein besonderes historisches Stadium des Kapitalismus. Diese Besonderheit ist eine dreifache: der Imperialismus ist 1. monopolistischer Kapitalismus; 2. parasitärer oder faulender Kapitalismus; 3. sterbender Kapitalismus.«

Es ist eben dieses von ihm so präzise beschriebene Wirtschaftssystem, das Lenin planmäßig in Rußland errichtet hat, freilich unter der Bezeichnung »Sozialismus«.

Indem er hier die Besonderheiten des Imperialismus aufzählte, hob er mit Recht als wesentliches systembildendes

Merkmal den Monopolcharakter der Wirtschaft hervor, der die Konkurrenz und den Markt vernichtet. Daher stammt auch das »Parasitäre« (in bezug auf die Ressourcen von Natur und Arbeit), das Fehlen von Anreizen zur Weiterentwicklung, daher auch das »Verfaulen« und das »Sterben«.

Aber das größte Monopol ist, wie Lenin genau begriff, das Staatsmonopol. Früher schon hatte Lenin, wobei er den staatlichen Protektionismus für Unternehmen in Rußland im Auge hatte, geschrieben: »Die Satrapen (eine interessante verbale Anspielung auf die »asiatische Produktionsweise«, J. G.) unserer Industrie ... sind keine Vertreter eines freien und starken Kapitals, sondern Haufen von Monopolisten, die mit staatlicher Hilfe geschützt werden ... durch ihren Druck verurteilen sie fünf Sechstel der Bevölkerung zur Armut, und das ganze Land zu Stagnation und Fäulnis.« Lenin setzte sich das Ziel, diese Gesellschaftsordnung zur logischen Vollendung zu bringen. Der Imperialismus blieb unvollständig, solange er nicht völlig mit dem Staat eins geworden war und zur Grundlage noch ein vom Staat unabängiges Privateigentum hatte.

Bekanntlich sah Lenin gerade im Staatskapitalismus (gleich Imperialismus) die Übergangsstufe, die »Puppe«, aus der der Schmetterling des Sozialismus schlüpfen sollte. Mit äußerster Klarheit, die keinerlei Mißverständnis zuließ, schrieb er: »Der staatsmonopolistische Kapitalismus ist die vollständige materielle Vorbereitung des Sozialismus, seine unmittelbare Vorstufe, denn auf der historischen Leiter gibt es zwischen dieser Stufe und derjenigen, die Sozialismus heißt, keinerlei Zwischenstufen mehr.« Was also ist zu tun, um aus dem Imperialismus mit einem »Sprung« direkt in den Sozialismus zu gelangen? Nur eines: die Macht ergreifen! »Wie reif die moderne Gesellschaft für den Übergang zum Sozialismus geworden ist, hat gerade der Krieg gezeigt, der die Anspannung aller Kräfte des Volkes erforderlich machte und dazu zwang, zur (staatlichen – J. G.) Regulierung des gesamten Wirtschaftslebens von mehr als fünfzig Millionen Menschen durch ein Zentrum überzugehen. Wenn das unter der Leitung einer Handvoll Junker und Adliger im Interesse eines Häufleins von Finanzmagnaten möglich ist, so wird es sicher nicht weniger möglich sein unter der Leitung klassenbewußter Arbeiter im Interesse von neun Zehnteln der durch Hungersnot und Krieg erschöpften Bevölkerung.«

So wird eine eiserne logische Kette geschmiedet: Kapitalismus – staatliche Regulierung – staatsmonopolistischer Kapitalismus (bzw. faulender, parasitärer Imperialismus) – Sozialismus.

Auch die Bedingungen des Übergangs vom Imperialismus zum Sozialismus werden genau formuliert: die Ablösung der herrschenden Elite, die Errichtung einer Diktatur, die Beseitigung aller demokratischen »Vorurteile«. Die Macht wird den »adligen Junkern« entrissen und den »bewußten Arbeitern«, d. h. den Kommunisten übergeben. (Aus irgendeinem Grund beginnt in diesem Moment der Berg zu kreißen: die staatsmonopolistische Wirtschaft ist auf einmal nicht mehr parasitär und faulend, und hundert Blumen fangen an zu blühen, wie es die chinesischen Marxisten ausdrückten ...)

Lenin setzte die Formel: »Kommunismus ist Imperialismus plus Diktatur der Kommunistischen Partei« in die Tat um. Hier zeigt sich seine logische Geschlossenheit. Die zwei Seiten der Medaille entsprechen einander: die Diktatur in der Wirtschaft und die Diktatur in der Politik. So entsteht der Grundriß des totalitären Gebäudes. Und im Unterschied zu dem Lallen über die Sowjetmacht plus Elektrifizierung[53] wurde diese Formel tatsächlich vollständig und mit eiserner Hand verwirklicht.

Um Lenin nicht, wie es derzeit Mode ist, zu dämonisieren, möchte ich noch einmal betonen, daß sein ganzer Plan subjektiv keineswegs »satanisch« war und nicht auf die Vernichtung Rußlands abzielte. Er war nicht einmal die doktrinäre Verwirklichung der marxistischen Utopie, ganz einfach deshalb nicht, weil Marx dergleichen nicht geschrieben hatte. Lenins Konzept ergab sich im wesentlichen aus den realen Verhältnissen, aus der Praxis der militarisierten Wirtschaft. Es ist einfach eine Hymne, eine Apotheose der staatlichen Regulierung. In weniger radikaler Form war damit seinerzeit fast jedermann einverstanden. Lenin sagte die Wahrheit, als er schrieb: »Man kann sich dafür verbürgen, daß keine einzige Rede, kein einziger Artikel in einer Zeitung beliebiger Richtung, keine einzige Resolution einer beliebigen Versammlung oder Institution zu finden ist, wo nicht ganz klar und bestimmt die grundlegende und wichtigste Maßnahme zur Bekämpfung, zur Abwendung der Katastrophe und der Hungersnot anerkannt worden wäre. Diese Maßnahme ist: Kontrolle, Aufsicht, Rechnungsführung, Regulierung durch den Staat, richtige Verteilung der Arbeitskräfte in Produktion und Distribution, Haushalten mit den Kräften des Volks, Vermeidung jedes überflüssigen Kraftaufwands, sparsames Umgehen mit den Kräften. Kontrolle, Aufsicht, Rechnungsführung – das ist das Entscheidende im Kampf gegen die Katastrophe und gegen die Hungersnot.«

Man könnte meinen, dies stamme aus der »Prawda« vom September 1994, nicht jedoch aus der vom September 1917! Diejenigen, die während der letzten vier Jahre freudig »Katastrophe und Hungersnot« prophezeit haben, empfehlen genau dasselbe Rezept gegen die »drohende Katastrophe«, nämlich die Regulierung von seiten des Staates. Der Unterschied besteht lediglich darin, daß derlei Worte heute doch nicht mehr so leicht über die Lippen kommen. Denn siebzig Jahre hatten wir Gelegenheit, festzustellen, zu welch »sparsamem Umgang mit den Kräften des Volkes« und zu welcher »Vermeidung jedes überflüssigen Kraftaufwands« die staatliche Lenkung des Wirtschaftslebens führt, deren Notwendigkeit »schon zur Zeit des Zarismus« erkannt wurde, wie Lenin richtig schreibt.

Die konkreten Maßnahmen zur staatlichen Regulierung, die Lenin verkündet, sind schon beachtlich:

»1. Vereinigung aller Banken zu einer einzigen Bank und staatliche Kontrolle über ihre Operationen oder Nationalisierung der Banken.
2. Nationalisierung der Syndikate, d.h. der größten, der monopolistischen Verbände der Kapitalisten (Zucker-, Erdöl-, Kohlen-, Hüttensyndikat usw.).
3. Aufhebung des Geschäftsgeheimnisses ...«

Auf welches real in der Geschichte existierende System sind die Leninschen »Hefte über den Imperialismus« zu beziehen? Über die nächstliegende Quelle seiner Inspiration, die deutsche Rüstungsindustrie zur Zeit des Ersten Weltkriegs, wurde schon gesprochen. Eine andere Quelle allgemeinerer Art waren die Trusts, die Konzerne und Kartelle, die zu Beginn des Jahrhunderts in großer Zahl vor allem in den USA entstanden. Anders als die Rüstungsindustrie – einer eindeutig befristeten, durch die Mobilmachung erzwungenen Erscheinung – waren diese Trusts ein organisches Erzeugnis des Kapitalismus und charakterisierten sein neues Stadium. Wäre dies wirklich das höchste Stadium des Kapitalismus gewesen, dann in der Tat auch sein letztes, genau wie Lenin sagte.

Zu einer bestimmten Zeit dachten viele Menschen so. Den Imperialismus zu erforschen war seinerzeit sehr modern. Lenins Beschreibung des Imperialismus entstand hauptsächlich unter dem Einfluß der Arbeiten von Kautsky und Hilferding[54] und in der Polemik gegen diese. Man kann sie auch als »wissenschaftlichen Kommentar« zu Jack Londons belletristischer Utopie »Die eiserne Ferse« (1907) auffassen. Darin wird der Übergang der USA vom freien Kapitalismus zum staatsmonopolistischen Imperialismus und zu einer politischen Diktatur beschrieben.

Der Monopolkapitalismus barg bereits im Keim eine große Gefahr für die freien Unternehmer und die politische Demokratie. Er war ganz offensichtlich keine logische Entwicklung, sondern eine Sackgasse, ein Anhängsel, eine parasitäre, bösartige Neubildung am Körper des Kapitalismus. Ebendeshalb nahm die amerikanische Gesellschaft den Kampf gegen diese Erscheinung auf. Zu Anfang des Jahrhunderts trafen der amerikanische Kongreß und die Administration eine ganze Reihe von Maßnahmen gegen die Trusts, die der monopolistischen Entartung des Kapitalismus, der Reduzierung des Marktes »das Wasser abgruben«. Hier traf Lenin den wichtigsten Punkt: Es bedarf einer politischen Diktatur, die mit starker Hand die Monopolisierung der Wirtschaft unterstützt und fördert. Nur in Verbindung mit der politischen Macht (einer diktatorischen, wie sich versteht) kann das Monopolkapital die freie Konkurrenz und den Markt besiegen, sie mit eiserner Hand zermalmen und total werden. Wie Lenin schreibt, vollzieht sich hier ein Prozeß der »Verbindung der gigantischen Macht des Kapitalismus mit der gigantischen Macht des Staates zu einem Mechanismus«.

Wie die freie politische Konkurrenz (die Demokratie) logisch mit der Konkurrenz des freien Marktes verbunden ist, so zieht das Wirtschaftsmonopol logisch das politische Monopol nach sich (die Diktatur).

Wenn aber die kommunistische Partei, die kommunistische Oligarchie das Monopol verwirklicht, dann wird die

Gesellschaftsordnung natürlich progressiv und historisch legitimiert und verwandelt sich in den ... Kommunismus.

»Der Sozialismus ist nichts anderes, als staatskapitalistisches Monopol, das zum Nutzen des ganzen Volkes angewandt wird.« Dabei schrieb Lenin: »Den reinen Imperialismus, ohne die Grundlage des Kapitalismus, hat es niemals gegeben, gibt es nirgends und wird es nicht geben.«

»Die grundlegende Basis des Kapitalismus« sind Markt und Privateigentum. Lenin hatte recht: Solange die Monopole im allgemeinen kapitalistischen Topf kochen, kann vom »rein monopolistischen« und »rein parasitären« »reinen Imperialismus« keine Rede sein.

Seither sind achtzig Jahre vergangen. Es kam zu der Keynesianischen Evolution. Im Westen begann der Staat wesentlich aktiver in die Wirtschaft einzugreifen, in vielen Ländern wurden ganze Wirtschaftszweige verstaatlicht. Es entstanden gigantische, übermächtige transnationale Konzerne. Häufig gehören sie niemandem persönlich, es gibt keinen »Herrn«. Es sind Aktiengesellschaften, bei denen niemand den maßgeblichen Kapitalanteil besitzt (es sei denn, ein anderer, ebenso unpersönlicher Gigant). *De facto* sind dies Ministerien (und deren Kapazität übertrifft in vielen Fällen die finanzielle und technologische Kapazität etwa eines russischen Ministeriums bei weitem). Es könnte scheinen, als ginge es hier um bürokratische Monstren, die ihre Tätigkeit jahrelang im voraus planen, mit zahllosen, der »Sache« entfremdeten leitenden Beamten, die nur daran interessiert sind, Bestechungsgelder zu kassieren und jegliche Neuerungen zu sabotieren. Kurz, als wären es vollständige Analogien zu sowjetischen Ministerien (Leninschen Monopolen). Zum Teil trifft das sicher zu. Noch in den dreißiger Jahren erklärte der Innenminister der USA, Harold L. Ickes: »Jedes große Geschäft ist Bürokratie.«

Dann ist womöglich der Westen, infolge objektiver Gesetze, auf seinem Weg ebendorthin gelangt – zum staatsmonopolistischen Kapitalismus, zu seiner Spielart des Sozialismus? Viele haben gerade das unter der Idee der Konvergenz verstanden, die in den sechziger Jahren modern war. Schon früher, zu Beginn des Jahrhunderts, sagte Kautsky in seiner Konzeption des »Ultraimperialismus« einen solchen Weg zum Sozialismus voraus. Indes ist im Westen ein staatsmonopolistischer Kapitalismus im Sinne Lenins nicht entstanden.

Entscheidend war hier gerade jenes marktwirtschaftliche Milieu, an dessen Regeln sich die großen Konzerne hielten. Im Ergebnis standen diese Konzerne dem technischen Fortschritt offen. Ihre Tätigkeit war weit effektiver als die der staatlichen Gesellschaften im Westen (von den sozialistischen Ministerien ganz zu schweigen), obwohl auch sie an Effektivität noch hinter den kleinen Firmen zurückstanden.

Der staatlich-oligarchische Kapitalismus (= Imperialismus = Sozialismus) im Leninschen Sinne entspricht am ehesten der asiatischen Produktionsweise, wie sie Marx beschrieben hat. Die »superwestliche« sozialökonomische Struktur fällt auf paradoxe Weise mit der orientalischen zusammen. Sie haben das Entscheidende gemeinsam: Macht und Eigentum sind aneinander gekoppelt, das Eigentum erweist sich als eine Machtfunktion. Der Imperialismus in Lenins Interpretation ist keine höhere Entwicklungsstufe des kapitalistischen sozialökonomischen Systems. Er ist im Gegenteil, natürlich unter Beibehaltung der Technologie des 20. Jahrhunderts, seine Reduzierung auf Strukturen, von denen sich die westliche Gesellschaft vor Hunderten von Jahren gelöst hatte. Als sich die Zeit der Sowjetmacht dem Ende entgegenneigte, hatten das viele begriffen.

In jenen Jahren, als der eine Teil der Intelligenz – auf der Suche nach Analogien – in der Oktoberrevolution die radikalste der westlichen bürgerlichen, internationalistischen Revolutionen sah, kam der andere Teil der Wahrheit bedeutend näher, indem er auf den zutiefst reaktionären, autokratischen, »orientalischen«, »bodenständig-archaischen« Charakter dieser sozialistischen Revolution verwies.

Schon Plechanow, einer der Begründer und Führer der russischen Sozialdemokratie, hatte gerade angesichts der bolschewistischen Idee der Nationalisierung des Bodens bemerkt, deren Verwirklichung werde in Rußland zur Errichtung einer Wirtschaftsordnung führen, »wie sie allen großen orientalischen Despotien zugrundeliegt«. Er sah im Bolschewismus einen »stagnativen Orientalismus (Chinaismus)«, ein »antirevolutionäres«, »reaktionäres« Zurückdrehen des Rads der russischen Geschichte.

Einer der tiefgründigsten, philosophisch denkenden russischen Dichter, Maximilian Woloschin, beschrieb das Wesen der Revolution in folgenden Versen:

Heult nur, weht nur, Schneesturm-Urgewalten,
Fegt die uralt-alten Gräber zu:
Ist in diesem Wind doch Rußlands Schicksal,
Ganz sein schrecklich-sinnloses Geschick:
Bleierner Jahrhunderte Bedrückung,
Rußland der Iwans, der Godunows,
Der Opritschniki und der Strelitzen[55],
Räuber, Schinder bei lebendigem Leibe,
Teufelstreiben, wüster Hexentanz;
Zarenmär und Bolschewiken-Wahrheit.
Was ward anders? Zeichen und Gebieter?
Der Orkan bläst allenthalben gleich:
Autokratenwahn der Kommissare,
Bei den Zaren Revoluzzerkrach,

Auf die Wippe, raushaun aus den Häusern,
Vorwärts durch Jahrhunderte zu schleudern
Gegen jegliches Naturgesetz –
Gleich der Rausch und gleich das »na, was macht's schon«,
Heute, damals, immerfort dasselbe:
Wölfisch Schnauzen, Masken und Visagen,
Dumpf der Geist, verwildert das Gehirn.
Fahndung. Küchen der Geheimkanzleien,
Das besoffne Kreischen der Entmenschten,
Spießruten- und Knuten, Pfiff und Striemen,
Alptraum der Soldatensiedlungen,
Der Kasernen, der Paraden, »Richt euch!«
All der Peters, Pauls und Araktschejews
Gatschinas[56] und Petersburger Schrecken,
Die Ideen tollwütiger Chirurgen
Und der Scharfrichter schlagfertiger Arm.[57]

In der Synthese der Diktatur der Partei mit einer staatsmonopolistischen (imperialistischen) Wirtschaft sah der Dichter jene schrecklichste Variante der Entwicklung, die die russische Geschichte gleichfalls in sich trug: einen zaristischen, autokratischen Sozialismus. Mit diesem letzten Alptraum endet bekanntlich die »Geschichte einer Stadt« von Saltykow-Schtschedrin, mit dem »autokratischen Kommunismus« von Ugrjum-Burtschejew[58].

Einen solchen Sozialismus rief mit düsterer Begeisterung Konstantin Leontjew[59] für die russische Erde herbei, um sie »einzufrieren, damit sie nicht faule«. Er schrieb ganz unverblümt, daß für Rußland der »Sozialismus der Feudalismus der Zukunft ist ... Das, was jetzt noch extreme Revolution ist, wird zur Bewahrung, zum strengen Zwangs- und Disziplinierungsinstrument, teilweise sogar zur Sklaverei.« »Mein Gefühl sagt mir, daß ein slawischer rechtgläubiger Zar eines Tages die sozialistische Bewegung in die Hand nehmen wird. Die sozialistische Lebensform wird mit dem Segen der Kirche an Stelle der bürgerlich-liberalen eingeführt werden, und dieser Sozialismus wird eine neue und harte dreifache Sklaverei sein: in Abhängigkeit von den Dorfgemeinden, der Kirche und dem Zaren.« Man muß gestehen, daß Konstantin Leontjew in dieser Beschreibung des »neuen Mittelalters« der Wahrheit nahekommt, insbesondere hinsichtlich der harten sozialistischen Sklaverei, der Kolchosen als Nachfolger der Dorfgemeinden und der Vernichtung bürgerlich-liberaler Lebensformen. Seine Intuition täuschte ihn nicht – mit den Dämonen der russischen Geschichte war er wohlvertraut.

Die Oktoberrevolution radierte mit Blut und Bajonetten die dünne westlich orientierte kulturelle Schicht von der Karte Rußlands aus. An ihrer Stelle gelangten mächtige archaische Kulturschichten an die Oberfläche, repräsentiert von Randfiguren aus Stadt und Dorf. Das war die »Invasion der inneren Barbaren« (Semjon L. Frank[60]). Die neue Elite bildeten die »Wilden«, die Helden Soschtschenkos und Platonows[61]. Die ihrem Wesen nach mittelalterlichen Varianten einer autokratischen Regierung kehrten zurück, kombiniert mit moderner Technik und bürokratischen Institutionen. (Berdjajew schrieb 1924 ein Buch mit genau diesem Titel: »Das neue Mittelalter«.) In Augenblicken der Einsicht begriffen das auch einige Kommunisten (daher die Charakterisierung Stalins als eines »Dshingis Khan mit Telephon«). Die Verlegung des Regierungssitzes der Bolschewiki von Petersburg nach Moskau im Jahre 1918 gewann symbolische Bedeutung als Rückkehr aus dem »Petersburger« Rußland in das mittelalterliche Moskauer Zaren-»Khanat« (bekanntlich entsprach das 1919 von den Bolschewiki kontrollierte Gebiet in der Tat nahezu genau dem des Moskauer Großfürstentums). Der Zug der russischen Geschichte raste gen Osten. Der

»westliche Einfluß« beschränkte sich auf den rein technischen Bereich.

All dies zeigt, daß der Leninsche »Sozialismus« zutiefst in der russischen Geschichte verwurzelt war. Er fügte sich ein in das Zarentum der Maljuta Skuratows[62], Iwans, Godunows und die Imperien der Pauls, Araktschejews, Peters. Er setzte eine der Linien der Reichsgeschichte fort. Gewiß wurde durch Lenin in den russischen Organismus ein Virus hineingetragen, aber der Organismus selbst war auch für ihn empfänglich. Freilich handelte es sich dabei nicht um den Virus der Anarchie und Staatszerstörung, wie die starrköpfigsten Staatshüter des alten Regimes gefürchtet hatten. Es war, ganz im Gegenteil, der Virus einer pathologischen bösartigen Geschwulst, einer Wucherung des Staates.

Die ewige Wahl, vor die sich Rußland gestellt sah – die zwischen einer eigendynamischen bürgerlichen Gesellschaft und einer autokratischen orientalischen Despotie – war endlich getroffen. Indessen gab es im Entwurf des Leninschen Sozialismus etwas völlig Spezifisches, Einzigartiges, was ihn von allen westlichen Analogien des staatsmonopolistischen Kapitalismus (Imperialismus) und den klassischen Beispielen der asiatischen Produktionsweise deutlich unterschied. Etwas, das, obgleich mit der Tradition der russischen autokratischen Bürokratie und der Dorfgemeinde eng verbunden, grundsätzlich vieles davon ablehnte.

Dieses Einzigartige liegt in der Verbindung einer orientalischen Despotie (Diktatur) in der Politik mit Staatsmonopolismus in der Wirtschaft und schließlich mit der kommunistischen Ideologie, die das Privateigentum ablehnt. Nur in dieser organischen Synthese, durch Blut zusammengeschweißt und erhitzt im Feuer des Bürgerkriegs, entsteht der wirklich totalitäre Monolith.[63]

Wenngleich im Zuge der »asiatischen Produktionsweise« eine Tradition der Achtung und Legitimität des Privateigentums fehlte, so entstand doch auch keine ausdrücklich dagegen gerichtete Tradition. Um so weniger ist eine solche Ideologie unter dem Staatskapitalismus vorstellbar. Eine vergleichbare Idee der Verneinung von Privateigentum, sowohl juristisch als auch sozialpsychologisch vom Staat lanciert, hat es in den uns bekannten Gesellschaften überhaupt noch nicht gegeben.

Indessen strebten eben Lenin und die Bolschewiki die strenge und überaus grausame Liquidierung und Ächtung schon des Begriffs vom Privateigentum an. Lenin bewogen dabei zweifellos doktrinäre, scholastische Motive. Aber gerade darin lag objektiv das »fehlende Glied«, wie es Lenin gerne ausdrückte. Dieses Gliedes bedurfte es, um die singuläre Kette einer wirklich universalen, nie dagewesenen Diktatur zu schließen, um eine orientalische Despotie in logischer Vollendung zu errichten. Hier genau liegt die Wurzel, der Kern einer neuen Ordnung in der Geschichte, der totalitären Gesellschaftsordnung in ihrer kommunistischen Fassung. Deshalb übrigens war ihre kommunistische Variante »vollendeter« konstruiert als die faschistische (wo sich bekanntlich Staatskapitalismus, politische Diktatur und eine andere Staatsideologie – Chauvinismus und Rassismus – verbanden).

Nicht die Einschränkung des Privateigentums, sondern seine radikale Ausrottung, seine juristische Liquidierung und seine Ächtung im Bewußtsein der Gesellschaft – das ist die Grundlage der totalen, monolithischen politökonomischen Staatsdiktatur. Hier verläuft die genaue Wasserscheide zwischen »Imperialismus« und »Sozialismus«. So entstand der Sozialismus als höchstes (letztes) Stadium der asiatischen Produktionsweise.

Die asiatische Produktionsweise und ihre »europäische Projektion«, die staatsmonopolistische Produktion, setzten die Eliminierung des Privateigentums, seine Inbesitznahme durch den Staat voraus, um ihre innere Vollendung zu erreichen. Natürlich wäre dies die Vollendung des Absurden ... Es wäre das Überschreiten der Grenzen der bekannten Menschheitsgeschichte – der »okzidentalen« und »orientalischen« – in eine neue Dimension. Der Totalitarismus neigt generell zu endgültigen Lösungen, die die gesamte vorangegangene Geschichte auslöschen.

Natürlich bedarf es zur moralischen Rechtfertigung solch extremer Schritte einer mächtigen Ideologie, die die totale Expropriation des Eigentums durch den Staat mit gewissen äußerst attraktiven utopischen Losungen bemäntelt. Die Rolle dieser Ideologie erfüllte der Sozialismus, der natürlich nicht die »Verstaatlichung«, sondern ausschließlich die »Vergesellschaftung« des Eigentums proklamierte. Als Folge versprach er die radikale Humanisierung aller sozialökonomischen Verhältnisse. Dabei wurde faktisch nicht bestritten, daß das Eigentum dem Staat gehören werde. Um den logischen Abgrund zu überwinden und ein Gleichheitszeichen zwischen Verstaatlichung und Vergesellschaftung zu erlisten, bedurfte es einer gewissen Wortklauberei. Man erklärte, daß der allmächtige Staat selbst unter der wohltätigen Diktatur der kommunistischen Partei durch ein Wunder »absterben« werde.

Die endgültige Formel Lenins läßt sich so ausdrücken: Sozialismus = politische Diktatur der Partei + staatsmonopolistische Wirtschaft + kommunistische Ideologie. Insofern dies keine mechanische Addition, sondern eine Synthese ist, ändern sich alle Teile innerhalb eines einheitlichen allgemeinen Zusammenhangs. Hier gibt es bereits keinen traditionellen »Imperialismus« mehr, auch keinen faulenden, der aber gleichwohl ein Staats*kapitalismus*[64] wäre, der Markt, Privateigentum usw. voraussetzt. Nein, hier entsteht tatsächlich eine qualitativ neue Gesellschaftsordnung, die sich grundsätzlich von allen vorangegangenen unterscheidet – eine Ordnung, in der es prinzipiell keinen Markt gibt.

4. Kapitel
Das Privateigentum der Nomenklatura

»In diesem Sinn können die Kommunisten ihre Theorie in dem einen Ausdruck: Aufhebung des Privateigentums, zusammenfassen.«[65]

»Die Bürokratie hat das Staatswesen ... in ihrem Besitze, es ist ihr Privateigentum.«[66]

Die Geschichte der Beziehungen zwischen Nomenklatura und Nomenklatura-Staat, die Geschichte ihrer qualvollen Widersprüche und gegenseitigen Entfremdung ist noch nicht geschrieben worden. Aber man kann festhalten, daß die Gesellschaftsordnung von ihrer eigenen herrschenden Klasse innerlich aufgezehrt wurde. Seinerzeit hatte Marx geschrieben: die Bourgeoisie »erzeugt vor allem ihre eigenen Totengräber«. Die kommunistische Oligarchie wurde selbst zum Totengräber ihres Systems, im übrigen zu einem berechnenden und eigennützigen, der darauf hoffte, sich anläßlich der eigenen Beisetzung zu bereichern. Genauer gesagt, gedachte sich diese Oligarchie bei dieser Gelegenheit vom alten System zu befreien und daraus ein neues entstehen zu lassen, und zwar wiederum ein Nomenklatura-System. Ebendies geschah auch in den Jahren 1989 bis 1991.

Ich will mich nicht damit aufhalten, daß der aktivste Teil der liberaldemokratischen Intelligenzija (die »Vorreiter der Perestrojka«) in keiner Weise zum Kreis der Dissidenten gehörte. In der Mehrzahl handelte es sich vielmehr um Personen, die in irgendeiner Form mit den Machthabern verbunden waren. Allerdings ist dergleichen bei jeder Revolution, der als Wegbereiter zunächst eine geistige Umwälzung vorausgeht, nahezu unvermeidlich.

Sehr viel wichtiger und weniger trivial war die Tatsache, daß ein großer Teil der eigentlichen Nomenklatura, sowohl der wirtschaftlichen als auch der politischen, die antikommunistische Revolution völlig gelassen und durchaus wohlwollend verfolgte. Deshalb verlief sie auch so glatt und unblutig, blieb dafür aber auf halbem Wege stehen und wurde für viele zum Betrug an ihren sozialen Erwartungen und Hoffnungen.

Schließlich trat der Charakter der sich gegen die alte Nomenklatura richtenden Nomenklatura-Revolution offen zutage, als alle sehen konnten, daß sich gerade die Nomenklatura (und, mittels des sogenannten Komsomol-Geschäfts, ihre »Tochterabteilungen«[67]) im Zuge der Verteilung des Staatseigentums in erster Linie bereicherte. Es bürgerten sich Begriffe ein wie »Nomenklatura-Privatisierung«, »Nomenklatura-Kapital« (bzw. »-Kapitalismus«), »Nomenklatura-Demokratie«.

Im manichäischen Bewußtsein eines Teils unserer Gesellschaft, die von der »Verschwörungsmanie« besessen ist, kamen in diesem Zusammenhang Ideen von einer Weltverschwörung der Nomenklatura auf, die – versteht sich – von Washington und Tel Aviv inspiriert sei. (»Natürlich ist die Katastrophe geplant. Es war ein echtes Wolfskomplott – dahinter standen Billionen aus den USA, gerade sie haben den Prozeß in Gang gesetzt.«) Das geht bis zum unverhüllt paranoiden Wahnsinn über »CIA-Agenten im Politbüro« und ähnlichen Halluzinationen[68].

Eine eigentliche Analyse des Problems steht jedoch noch aus. 1990 und 1991 fand bei uns zweifellos eine globale geopolitische Katastrophe statt, unabhängig davon, wie man sie einschätzt und ob man sie mit einem Plus- oder Minuszeichen versieht. Sie kam nicht nur für die Mehrheit der Sowjetbürger (einschließlich der Dissidenten), sondern auch für die Sowjetologen unerwartet. Die bekannten, im westlichen Exil lebenden Historiker Andrej Nekritsch und Michail Heller hatten Mitte der achtziger Jahre noch folgendes geschrieben: »Der im Oktober 1917 entstandene Staat, der jetzt bald siebzig Jahre besteht, tritt als letztes Weltreich an die Schwelle zum achten Jahrzehnt dieses Jahrhunderts. Über dem sowjetischen Machtbereich, von Kuba bis nach Vietnam, von der Tschechoslowakei bis nach Angola, geht die Sonne nicht unter... Die Erfolge des Systems sind augenfällig.« Gerade dies war das Weltgefühl des Westens, der sich panisch vor einer sowjetischen, scheinbar unbesiegbaren Aggression fürchtete.

Dabei ist ein äußerlich mächtiges und innerlich morsches Imperium das in der Geschichte charakteristische Erscheinungsbild eines Systems, das unmittelbar vor dem Zusammenbruch steht. Will man sich nicht mit Spekulationen abgeben, kann man den Zusammenbruch des kommunistischen Systems natürlich nicht nur auf eine einzige Ursache zurückführen. Es gibt eine Vielzahl von Gründen. Dazu gehört zunächst die Tatsache, daß der phantastisch aufgeblähte militär-industrielle Komplex den Wettlauf mit dem Westen verloren hat. Ein weiterer Grund ist der Verfall der offiziellen Moral, die seit den fünfziger Jahren (der Zeit der »Halbstarken«) bei dem dynamischsten Teil der Gesellschaft, der Jugend, zunehmend ironische Ablehnung hervorrief. Zudem ist die permanente Krise der ruinösen Ökonomie und der Landwirtschaft zu nennen, bis zu den persönlichen Eigenheiten verschiedener Funktionäre.

Uns interessiert hier unserem Thema entsprechend der innere Zerfall, die »von oben« ausgehende soziale und psychologische Umwandlung der politischen Elite und als Folge davon die politische und ökonomische Umwandlung des Systems.

Seit den ersten Tagen des sowjetischen Regimes steht die Nomenklatura, die sich gegen das eigene Volk und die Welt hermetisch abschirmte, vor der permanenten Frage, welche Garantien es gegen eine »Restauration des Kapitalismus« geben könnte. Die wichtigste Garantie bestand stets in einem: im ständigen Machtzuwachs des »Garanten« selbst, der kommunistischen Elite. Und gerade diese Elite wurde auch der entscheidende »Restaurator«.

Die Umwandlung der Elite und des Systems hat eine lange Vorgeschichte.

1917 bis 1921 waren die Jahre des Kriegskommunismus. Auf dem von den Kommunisten kontrollierten Gebiet wurde das Privateigentum abgeschafft, es herrschte Krieg und roter Terror. Die Nomenklatura führte einen Kampf auf Leben und Tod, sie sah sich in der Rolle der Jakobiner.

Die Jahre von 1921 bis 1929 waren die Zeit der »Neuen Ökonomischen Politik« (NEP)[69], einer »friedlichen Atempause« und wirtschaftlichen Vielfalt. Das Land kam einem orientalischen Reich oder, in Lenins Worten, dem »Imperialismus« äußerst nahe. Es gab Naturalwirtschaft, kleine Warenwirtschaft, Privateigentum, staatskapitalistische Unternehmen und sozialistisches Eigentum. In diese Zeit fiel die erste Krise des Kommunismus, die erste Gelegenheit für eine »Umwandlung«, für einen bürgerlichen »Thermidor«[70]. Gleichzeitig ging jedoch der Eiserne Vorhang nieder, der ideologische Krieg mit der ganzen Welt und mit den Überresten der Gesellschaft innerhalb des Landes setzte ein.

1929 bis 1953 herrschte der Totalitarismus. Dies ist die einzige Zeit, in der in unserem Lande tatsächlich der Kommunismus triumphierte. Der »Höhepunkt des Kommunismus« war das Jahr 1937. Der Aufstieg zu diesem Höhepunkt, der »Aufstieg vom Abstrakten zum Konkreten«, von der Theorie zum Leben war vollzogen. Genauer gesagt, handelte es sich um die Reduktion des lebendigen Lebens auf die Theorie. Eine »Walze« fegte über das Land, über alle ökonomischen Strukturen hinweg. Von Geringfügigkeiten (den Nebeneinkünften – zuweilen gibt es doch etwas, was man trotz allem braucht) abgesehen, herrschte im Land der Monolith des totalen Staatseigentums. Das Privateigentum war vollständig vernichtet. Hier sind die qualitativen Unterschiede zur »asiatischen Produktionsweise« und um so mehr zum »Imperialismus« sehr deutlich. Dem entspricht auch die politische Regierungsform, ein blutiger Krieg gegen die Bürger (die »Verschärfung des Klassenkampfes«).

Die Jahre von 1953 bis 1985 kennzeichnen bereits den Sturz aus den »leuchtenden Höhen«[71] des Kommunismus. Es war erneut eine Krise des Kommunismus zu verzeichnen, ein »zweites Klingelzeichen«. Äußerlich bestand das System des totalen Staatseigentums fort, im Innern jedoch entwickelten sich eigentümliche »Schatten«prozesse, es bildete sich ein besonderer »bürokratischer Markt«. Hinter einem staatlichen Schutzschild, genauer einem »pseudostaatlichen« Eigentum, entstand in verborgener, aber wirksamer Form ein »quasi-privates«, »ur-privates« Eigentum. Mit der zunehmenden Umwandlung der Nomenklatura ging ein unmerklicher Prozeß der »Prä-Privatisierung« des Eigentums einher. Die Gesellschaft begann, sich erneut einer »imperialistischen«, »staatskapitalistischen«, zum Teil »orientalischen« Gesellschaft – wenn auch in verfälschter Form – anzunähern. Die politische Lage war wieder verhältnismäßig friedlich, sowohl nach außen als auch gegen die eigene Gesellschaft herrschte der Kalte Krieg des Staates. Aber dies war ein stagnierender und beinahe unblutiger Stellungskrieg.

Die Jahre von 1985 bis 1991 läuteten das Ende des Kommunismus ein, sie waren das »dritte Klingelzeichen«. Latente Prozesse aus dem vorangegangenen Zeitabschnitt traten jetzt an die Oberfläche. Eine offene Nomenklatura-Privatisierung setzte ein, das Privateigentum wurde legalisiert, von einem wirklich staatlichen Eigentum (»totalitären« Eigentumsverhältnissen) konnte keine Rede mehr sein. Die Nomenklatura wurde unverhohlen kapitalistisch. Gegen Ende dieser Periode haben wir bereits keine Gesellschaftsordnung mehr vor uns, die dem »Imperialismus« in der klassischen Beschreibung Lenins entspräche, um so weniger einer orientalischen Gesellschaft. Sie befindet sich vielmehr in einer Art Übergangsstadium zum »westlichen« Modell, zur Marktwirtschaft, zu einer offenen Gesellschaft und zum freien Kapitalismus. Freilich sind all diese Veränderungen noch keineswegs unumkehrbar. Politisch vollzog sich all dies vor dem Hintergrund der totalen Auflösung eines Staates, der den psychologischen Krieg und den Kalten Krieg zur Gänze verloren hatte, sowohl nach außen als auch im Inneren des Landes. Diese Niederlage endete mit dem Auseinanderfallen, mit dem Verschwinden des vorherigen Staates.

All diesen realen historischen Metamorphosen liegt indessen ein strenges logisches Muster zugrunde. Die reale Wirtschaftsgeschichte hat diesem logischen Gerüst lediglich die Fakten hinzugefügt.

Erinnern wir uns der zwei Formeln von Marx, die diesem Kapitel als Epigraphe vorangestellt sind: Die Kommunisten vernichten das Privateigentum. Der Staat ist das Privateigentum der Bürokratie. Diese beiden Formeln bilden die enge logische Umklammerung, in welche die nach der marxistischen Theorie errichtete Gesellschaft eingezwängt ist. Sie beschreiben den kürzesten, aber im Prinzip logischen, gesamten Kurs der Kommunistischen Allunionspartei (B)[72]. Damit ist der logische und sozialpsychologische

Grundriß der Geschichte des gleichermaßen siegreichen wie auch zum Scheitern verurteilten Bolschewismus gegeben.

Aus den Behauptungen von Marx kann man eine Reihe von Schlußfolgerungen ziehen.

1. Indem sie das Privateigentum abschafften, machten die Kommunisten alles Eigentum staatlich.
2. Das Staatseigentum ist Kollektiveigentum der Bürokratie.
3. Jeder einzelne Bürokrat oder bürokratische Clan trachtet danach, das Staatseigentum zu seinem Privateigentum zu machen.

Expropriation des Privateigentums – staatlich-bürokratisches Eigentum – privat-bürokratisches Eigentum. Dies ist die Formel für die Entwicklung der sozialistischen Gesellschaft von ihrer Entstehung bis zu ihrem Untergang.

Im Prinzip stoßen wir hier auf einen Einzelfall des allgemeinen Problems aller orientalischen Despotien, von dem schon die Rede war – auf das überall verbreitete Streben der Beamten, ihre Macht zu »privatisieren« und in Eigentum umzuwandeln.

Die Garantie für den Untergang des Systems liegt in der Zwangsläufigkeit des Übergangs von (2) zu (3), in der Unüberwindbarkeit des »Privatisierungsreflexes« bei der bürokratischen Oligarchie. Der Glaube der kommunistischen Bürokraten an eine sakrale, das Privateigentum verwerfende Ideologie und die Furcht, Dogmen dieses Glaubens zu verletzen, vermochten allerdings vor diesem Reflex zu schützen.

Die kommunistische Gesellschaftsordnung mit ihrem Anspruch auf Wissenschaftlichkeit und Rationalität war von Anbeginn an in der Art einer spiritualistischen Ordnung aufgebaut, deren Rechtfertigung jenseits der Grenzen von Vernunft und Tatsachen lag, im Bereich des reinen Glaubens (in Wirklichkeit in dem des Glaubens und der Angst). Gerade die Ideologie, der Glaube an sie und die Angst, sie zu verletzen, sollten Barrieren aufrichten zwischen dem Recht, über das Staatseigentum zu verfügen, und einer Handlungsweise im Sinne seiner »Privatisierung« in die eigene Tasche. Die Ideologie bildete den »Korrosionsschutz« des gesamten Systems, das ohne sie zu Korrosion und Verfall verurteilt war.

Erinnern wir uns an die Bestandteile des Bolschewismus – die ökonomische und politische Diktatur des Staates, die Diktatur der Bürokratie. Je totalitärer die Gesellschaftsordnung und je größer die Macht der herrschenden Bürokratie ist, desto schneller wird sich diese korrumpieren und das Staatseigentum unter sich verteilen und um so rascher wird diese Gesellschaftsordnung zugrundegehen – sofern die Bürokratie nicht ihrerseits dem Diktat einer Ideologie unterworfen ist.

Deshalb war die Unversehrtheit der Ideologie der Grundpfeiler der Gesellschaftsordnung. Und die wichtigste Komponente der Ideologie war diejenige, die sich gegen das Eigentum richtete. Sie allein verhinderte eine Umbildung des kommunistischen Totalitarismus »zurück« zum Staatskapitalismus, mit der Nomenklatura in der Rolle der neuen Kapitalisten. (Es versteht sich, daß die eigentumsfeindliche Komponente in der Ideologie in sich widersprüchlich war. Die Ideologie des »ökonomischen Determinismus« und historischen Materialismus verkündete doch als erstes Ziel ihrer Politik gerade nicht die Realisierung eigentlich immaterieller, geistiger Werte, sondern vielmehr die »Befriedigung der Bedürfnisse der Arbeiter«. Nichtsdestoweniger war das Privateigentum an Produktionsmitteln absolut undenkbar, und »zur Sicherheit« war auch das persönliche Eigentum an Gebrauchsgegenständen für Mitglieder der Nomenklatura in den zwanziger Jahren zumindest formal streng reglementiert.)

Damit die Ideologie zum realen Leitfaden des Handelns werden konnte, war es erforderlich, unter der Nomenklatura den Typus »neuer«, »stählerner«, dabei aber »körperloser« Menschen zu schmieden. Jedoch gelang es – der romantischen Emphase, aber auch einer selbsterniedrigenden Ironie zum Trotz – niemandem, diesen Menschentypus in der UdSSR zu schaffen, ihn zu erziehen und heranzuzüchten.

In den dreißiger Jahren wütete die offizielle Propaganda besonders heftig, und tatsächlich schien es, als »schmiedeten« sich viele Menschen mit aufrichtigem Enthusiasmus zu »vervollkommneten kommunistischen Menschen um« (ein Terminus von Ehrenburg)[73]. Gerade zu dieser Zeit stellte sich Woland[74] bei seinem Besuch in Moskau die Frage: »Haben sich die Moskauer innerlich verändert?« Und er gab sich selbst zur Antwort: »Hm . . ., sie sind Menschen wie andere auch. Sie lieben das Geld, aber das war ja schon immer so . . . Die Menschheit liebt das Geld, ganz gleich, woraus es gemacht ist, ob aus Leder, Papier, Bronze oder Gold. Ein bißchen leichtsinnig vielleicht . . . Warum nicht . . . Manchmal klopft Barmherzigkeit in ihrer Brust . . . Gewöhnliche Menschen . . . Im großen und ganzen gleichen sie den Menschen von früher, nur hat die Wohnungsfrage sie verdorben . . .«

So war es von jeher. Aber niemals zuvor hatte es eine Gesellschaftsordnung gegeben, die dieses »menschlich allzumenschliche« Gefühl ohne jeden Sinn verneinte. Niemals zuvor hatte ein System existiert, für das die menschliche Liebe zu Geld und Eigentum eine tödliche Bedrohung darstellte. Um so schlimmer für ein solches System.

Nach Beendigung des Bürgerkriegs stellte sich der

»Dämon der Revolution«, Trotzkij, im Grunde genommen eben jene Frage Wolands und konstatierte mit Schrecken: »Als die Spannung nachließ und die Nomaden der Revolution ansässig wurden (und zur Nomenklatura wurden – J. G.), erwachten und entfalteten sich in ihnen kleinbürgerliche Eigenschaften, Sympathien und Neigungen selbstzufriedener Beamter. ... Daran war nichts, was den Prinzipien der Partei widersprach. Aber es atmete die Stimmung moralischer Beruhigung, Selbstzufriedenheit und Trivialität... Es vollzog sich die Entfesselung des Kleinbürgers im Bolschewik.«[75]

Derartige psychologische Metamorphosen bezeichnete man natürlich als eine »Entartung« der Bolschewiki, obwohl sie doch gerade bewiesen, daß es keine Entartung gegeben hatte und daß die Bolschewiki gewöhnliche Wesen geblieben waren, denen nichts Menschliches fremd war. Ihre Gedanken widersprachen mitnichten den Prinzipien und programmatischen Dokumenten der Partei. Aber sie wollten, nicht anders als jede herrschende Schicht nach allen Umstürzen und Revolutionen, Eigentum. Das war in der Tat trivial.

Natürlich ging es zunächst nicht um die »ursprüngliche Akkumulation«, sondern um ein »erstes Sichsattessen«. Man wollte die Eigentumsfrage anfänglich auf der reinen Konsumebene, der Ebene des privaten Verbrauchs und des alltäglichen Lebens lösen. Dies stand zu den politischen Grundsätzen der Partei noch keineswegs im Widerspruch.

Gegen Ende der zwanziger Jahre wurde das berüchtigte »Partmaximum«[76] abgeschafft, und schon Mitte der dreißiger Jahre war die Diskrepanz im Lebensstandard (Wohnung, Lebensmittel, Gebrauchsgegenstände) zwischen der Nomenklatura und den »einfachen Sowjetmenschen« ebenso groß wie die zwischen Würdenträgern des entsprechenden Ranges und dem ärmsten Teil der Bevölkerung vor der Revolution. Nach dem Krieg errang neben der traditionell zur Nomenklatura gehörenden Schicht (Parteielite, Staatssicherheitsdienst, Armee, Diplomaten) die Spitze des militär-industriellen Komplexes eine besonders privilegierte Stellung. Die Gruppe derer, die den Handel in der Hand hatten, war von jeher eine begüterte Schicht.

Allerdings konnten die wachsenden Privilegien die »soziale Frage« der »hungernden« Nomenklatura nicht endgültig lösen. Der Appetit kommt nicht nur beim Essen; es ist besonders signifikant, daß das Essen quantitativ nie genügt, nicht einmal das, was beim besten Zuteilungssystem[77] ausgegeben wird. Der Bedarf an »echtem« Eigentum, nicht nur an Gebrauchsgegenständen, sondern auch an Grund und Boden, Finanzgesellschaften, Industrieunternehmen, Handelsfirmen usw. – all dies bildete einen oft unbewußten, aber dennoch quälenden »sozialen Komplex«. Hier gerieten die Bedürfnisse der Nomenklatura bereits in Widerspruch zu den offiziellen Grundsätzen der Partei. Trotzkij bemerkte das schon in den dreißiger Jahren sehr genau: »Hält sie (die Bürokratie, J. G.) ... es augenblicklich für möglich, Titel und Orden wiedereinzuführen, so wird sie sich auf einer weiteren Stufe unvermeidlich nach Stützen in den Besitzverhältnissen umsehen müssen. Man mag einwenden, es sei dem großen Bürokraten gleichgültig, welche Eigentumsformen vorherrschen, wenn sie ihm nur das nötige Einkommen garantierten. Dieser Einwand übersieht nicht nur, wie unsicher die Rechte der Bürokratie sind, sondern auch, welches das Schicksal der Nachkommenschaft sein soll. Der neuentstandene Familienkult fiel nicht vom Himmel. Die Privilegien sind nur halb so viel wert, wenn man sie nicht den Kindern vermachen kann. Doch das Vererbungsrecht ist vom Eigentumsrecht nicht zu trennen. Es genügt nicht, Direktor eines Trusts zu sein, man muß Teilhaber sein. Ein

Sieg der Bürokratie auf diesem entscheidenden Gebiet würde bedeuten, daß sie sich in eine neue besitzende Klasse verwandelt hat.«[78]

In dieser scharfen soziologischen Analyse nahm der Autor des »Neuen Kurses« faktisch die Theorie der »neuen Klasse« von Milovan Djilas[79] vorweg. Trotzkij war insofern ein treuer Diener des Marxismus, als er die Existenz einer »Klasse« unweigerlich mit ihrem Verhältnis zu den Produktionsmitteln in Zusammenhang brachte. Darüber hinaus fand er eine für das sozialistische System einfache und treffende Begründung für das Streben der Nomenklatura nach Eigentum. Das Bedürfnis nach Privateigentum hängt für ihn mit einem so unbezweifelbaren Instinkt wie dem familiären, dem elterlichen zusammen! Er hätte sein Buch nicht »Die verratene Revolution«, sondern »Die Umwandlung des Staates unter dem Einfluß von Familie und Privateigentum« nennen können.

Damit war das theoretische Urteil über das kommunistische System gefällt. »Der Fisch fängt vom Kopf an zu stinken.« Je mächtiger der sozialistische Staat, je »entwickelter« der Sozialismus und je privilegierter die herrschende Klasse, das höhere Beamtentum und die Nomenklatura sind, um so sicherer und rascher wird sich diese Klasse umgestalten, sich sozialpsychologisch »verbürgerlichen« und auch auf ökonomischem Gebiet danach streben, zu einer Bourgeoisie zu werden. Die Nomenklatura sprengt den Rahmen des sozialistischen Staates wie ein Vogeljunges die Eierschale. Es versteht sich, daß das nicht mit irgendwelchen »Unzulänglichkeiten« oder »Stalinschen Verfälschungen« zusammenhängt, sondern mit dem Wesen des Systems selbst, das seinen unvermeidlichen und baldigen Untergang in sich trägt. Im Gegensatz zu vielen anderen hat sich diese Voraussage Trotzkijs vollständig bestätigt.

Die Neue Ökonomische Politik (NEP) schuf die erste Voraussetzung für die »Umgestaltung« der damals noch revolutionären Nomenklatura: Bei Fortbestehen der politischen Diktatur, des Machtmonopols (und dementsprechend der sich in den Händen der Nomenklatura konzentrierenden Verfügungsgewalt über das Eigentum), wurde es möglich, verschiedene Formen von Zusammenschlüssen mit anderen wirtschaftlich starken Bevölkerungsgruppen zu bilden, vor allem mit NEP-Leuten und Mittelbauern (Kulaken), und eine partielle Entstaatlichung des Eigentums einzuleiten. Eine Variante, die im übrigen in gewissem Sinne an das »chinesische Experiment« erinnert, von dem ein Teil unserer heutigen Nomenklatura träumt.

In den zwanziger Jahren war das ein klassischer Fall des »Thermidor«, der einem Lehrbuch für die Geschichte der Französischen Revolution entnommen sein könnte. Diese Variante wurde in der Emigrantenliteratur jener Jahre ständig diskutiert. Ein besonders aktiver Apologet dieses »Thermidor« war Nikolaj Ustrjalow[80]. Seine erbittertsten Gegner waren die bereits in den Untergrund gegangenen Trotzkisten und andere »linke« Oppositionelle. Nach der Zerschlagung der »linken Opposition« schien es, als hätte die Stalinsche Führung die Barriere für die Entwicklung des bürokratischen Staates gerade in dieser Richtung beseitigt, vom entstehenden Totalitarismus zurück zum »Nomenklatura-Kapitalismus« unter Beibehaltung der Diktatur der Partei und der GPU[81]. Der an die Bauern gerichtete Aufruf »Bereichert euch!« konnte in so einer Situation auch zur Losung der Nomenklatura werden.

Bekanntlich kam es anders. Ende der zwanziger Jahre wurde eine radikale Kehrtwendung vollzogen. Mit der »Stoßarbeit« der OGPU und des ganzen »übrigen Landes« wurde das Gebäude des Totalitarismus schließlich hochgezogen.

Es wäre naiv, alles auf die Persönlichkeit Stalins zurückzuführen. Nein, damals war die Mehrheit der Nomenklatura noch nicht reif für einen »Thermidor«. Die Gesellschaft war nicht homogen, die Bolschewiki fürchteten zu Recht, daß sie sich im Falle radikaler sozialpolitischer Erschütterungen nicht würden halten könnten. Die »einstigen Herren« könnten zurückkehren, und eine solche Konterrevolution hätte für die »Kommissare« höchstwahrscheinlich nicht nur den Verlust von Eigentum und Macht bedeutet, sondern etwas weit Gefährlicheres ... Der Bürgerkrieg hielt die bolschewistische Nomenklatura noch immer im Griff, er band sie durch ihre gemeinsame Verantwortung für ihre Bluttaten. Es gab kein Entrinnen. Man kann sagen, daß sich die Bolschewiki selbst erpreßten. Durchweg war die Position der roten Direktoren, der Kriegskommissare, der Leitungen der Volkskommissariate[82] und der professionellen Parteiarbeiter in dem von ihnen besetzten Land nicht stabil. Dies begriff die herrschende Bürokratie sehr gut. Auf diese Weise zwang sie die Angst dazu, sich an die Ideologie zu klammern, die das System zementierte. Ihr verblieben die noch nicht erschöpfte Energie eines messianischen Glaubens und Elemente der sozialistischen, eigentumsfeindlichen Utopien. Diese komplizierte Verbindung aus Angst, Selbsterhaltungstrieb und Glauben war es, die einen »Thermidor«, einen Umsturz von oben in den zwanziger Jahren unmöglich machte.

Es kam vielmehr genau umgekehrt. Die Nomenklatura ging zum Angriff auf das Land über: »Nach links, nach links, noch mehr nach links!« Die Überreste des Privateigentums wurden enteignet, die Herrschaft des Staatseigentums wurde absolut, der Pflug der Kollektivierung zog über das Dorf. Die totalitäre Gesellschaftsordnung wurde absolut und vollkommen. Aus Lenins Staat entstand der Staat Stalins (1930-1953).

Gleichzeitig wuchsen die Privilegien, aber hier begann bereits ein interner Kampf innerhalb der Bürokratie. Die Nomenklatura festigte ihre Herrschaft über das Land und Stalin wiederum die seine über die Nomenklatura, indem er sowohl das Zuckerbrot der Privilegien als auch die Peitsche der Repressionen einsetzte. Er führte seine »permanente Revolution« durch und provozierte eine »Verschärfung des Klassenkampfes«, die es ihm erlaubte, die Nacken der Nomenklatura unter das eiserne Joch der »Parteidisziplin« zu beugen, so daß keine Köpfe mehr übrig blieben, die an einen »Thermidor« auch nur hätten denken können. Falls sie überhaupt noch dachten, dann an etwas anderes – wieder waren Schritte auf der Treppe zu vernehmen... »Kommen sie diesmal etwa doch zu mir?« ... So gelang es, den Bolschewismus selbst »auf Eis zu legen«, damit er nicht faule, ihn noch ganze fünfundzwanzig Jahre »auf den Hinterbeinen« im Zustand des »revolutionären Aufbruchs« zu halten, vom Ende der zwanziger Jahre bis zum 5. März 1953[83].

Indessen vollzog sich in diesen Jahren eine innere Metamorphose der Ideologie, die von vielen Forschern registriert wurde.

Schon im Jahre 1920 hatte Nikolaj Ustrjalow verkündet, daß der russische Bolschewismus seine Färbung verändere: Aus einem kosmopolitischen, internationalistischen werde er zu einem nationalen, verwandele sich in einen »Nationalbolschewismus«. Dieser 1919 in Deutschland in Analogie zum Nationalsozialismus entstandene Terminus wurde 1921 sehr populär, nachdem in Prag der Sammelband »Wechsel der Wegzeichen« (Smena wech) erschienen war. Der Titel dieses Sammelbandes ist eine Anspielung an die berühmten »Wegzeichen« von 1909[84]. Jedoch ging es hier nicht um die Polemik zwischen zwei Sammelbänden, sondern um einen »Wechsel der Wegzeichen« für den Bolschewismus selbst, um den Übergang von einem »antirussischen« Internationalismus zum Nationalbolschewismus. Den Emigranten wurde endlich klar, daß die Bolschewiki das autokratische Staatswesen nicht nur nicht zerstört, sondern es massiv verstärkt hatten.

Die Verfechter eines »Wechsels der Wegzeichen« erwiesen sich als »Weggefährten« der Bolschewiki. Sie gerieten ins Fahrwasser jener mächtigen Welle, jener Strömung im intellektuellen Leben Europas der zwanziger und dreißiger Jahre, die sich uneigennützig für die Dynamik, Jugendfrische und Kraft des Faschismus, Nationalsozialismus und Bolschewismus begeisterte. Hierin glaubten sie ein Gegengewicht zur »altersschwachen« »zahnlosen« Demokratie zu sehen. Über diese Intellektuellen und diese Mode hat sich Karel Čapek sehr treffend geäußert: »Hat man je etwas so Fürchterliches, Mörderisches und Unsinniges gefunden, daß nicht irgendein Intellektueller damit die Welt neugestalten wollte?«[85]

In ihrer Begeisterung für den »Nationalbolschewismus« waren die intellektuellen Emigranten den Ereignissen weit voraus. Erst jetzt, in der »zweiten Auflage« der KP der Russischen Föderation unter der Führung Gennadij Sjuganows, ist es den Kommunisten, wie es scheint, gelungen, das »Übel des Internationalismus« zu beseitigen und vollständig zu Nationalbolschewisten zu werden. Solange es ein multinationales Imperium, überdies mit Anspruch auf eine Welthegemonie, gab, war die messianisch-internationalistische Ideologie ein unverzichtbares Attribut jenes »Hyperstaats«.

Hier liegt der Hund begraben. Wenn man einige allzu bekannte »ethnische Voreingenommenheiten« fallen läßt, dann ist der Gegensatz zwischen imperialem Nationalismus und imperialem Internationalismus ein ideologisches

Kunstprodukt. Es sind zwei Köpfe eines imperialen Adlers, ein und derselben etatistischen Reichsideologie. Trotzkij war ebenso ein »Reichspolitiker« wie Stalin; es war ein und derselbe Totalitarismus, der sie beide im Griff hatte.

Die Anhänger jenes »Wechsels der Wegzeichen« verschärften und vereinfachten die Situation beträchtlich. Denn obwohl sich die bolschewistische Rhetorik zu vulgärsten Exzessen im Geiste der Schwarzhundertschaften[86] hinreißen ließ (besonders 1945 bis 1953 und Ende der siebziger bzw. Anfang der achtziger Jahre), behielt sie dennoch bis zum Schluß die obligatorischen internationalistischen »Rituale« bei. So verhält es sich sogar noch heute: Dieselben Nationalbolschewisten, die von »rein russischen« Interessen reden, fordern im gleichen Atemzug die Wiederherstellung der Sowjetunion. Die »Säuberung« der Moskauer bolschewistischen Elite von »Fremden« wurde in der Tat, zur Freude der Nationalbolschewisten (die eben hierfür bis heute Stalin verehren!), überaus radikal vollzogen[87]. Indes hat sich am politischen Wesen des kommunistischen Regimes, an seiner radikalen Hyperstaatlichkeit, wenig geändert.

Eine bedeutsamere ideologische Metamorphose der Zeit von den zwanziger Jahren bis 1953 bestand in etwas anderem. Das System verlor mit den Jahren einfach seinen ideologischen Elan, seine ideologische Anziehungskraft. Es selbst hatte nach seinem Sieg unbarmherzig den revolutionären Geist in der Ideologie ausgerottet. Jetzt hatte es panische Angst vor wie immer gearteten revolutionären Auftritten, zumal sich diese jetzt offensichtlich nur noch gegen das System selbst, gegen den kommunistischen Staat richten konnten.

Dies führte sehr rasch zur Verknöcherung der Ideologie. Sie wurde auf ein System äußerer Rituale reduziert. Zu einer markanten Verkörperung, ja, zur Personifizierung dieses Zustands wurde Michail Suslow, der offizielle Ideologe der Zeit von 1947 bis 1982, der offenkundig lediglich ein unerbittlicher »Bewahrer der Unbeweglichkeit« war.

Der Verlust des Sinns, die Bewahrung der rein äußeren, rituellen Form war der erste Schritt zu einer Ernüchterung des Systems. Bald wurde die des Inhalts beraubte Form nicht mehr als sakrosankt empfunden, ihre angemaßte Bedeutsamkeit erzeugte nur noch Gereiztheit. Den neuen Generationen der Nomenklatura, die während der Säuberung von 1937 an die ersten Stellen gerückt waren, fehlte in der Regel die romantische Hochstimmung der Bolschewiki vorangegangener Generationen. Es waren normale Beamte, die Karriere machten. Soweit notwendig, waren sie ohne langes Nachdenken bereit, die Rituale der marxistischen Kirche zu praktizieren, wie einst die zaristischen Beamten die Zeremonien der orthodoxen Kirche. Tiefe Überzeugungen, die über die Gewohnheit ritueller Handlungen hinausgingen, hatten sie nicht. Einer scharfsinnigen Bemerkung von José Ortega y Gasset zufolge war »Rußland ... etwa auf dieselbe Art marxistisch, wie die Deutschen des Heiligen Römischen Reiches römisch waren.«[88] Die Angehörigen der Nomenklatura waren demnach ebensolche Marxisten wie die Deutschen Römer. Dafür wurden die Eigentumsinstinkte, die Gier nach Privateigentum für viele von ihnen zu einer wahren Manie, die nur mit Mühe zu unterdrücken war. Die kommunistische »streitbare Kirche« verwandelte sich in eine »zynische Kirche«. Die Ideologie verlor den von Grund auf spiritualistischen Charakter und wurde von innen bis zu ihrer äußeren pseudosakralen Umhüllung von grenzenloser Scheinheiligkeit und Zynismus erfüllt. Der bekannte Sowjetforscher Boris Souvarine[89] schrieb in den dreißiger Jahren: »Die UdSSR ist das Land der Lüge, der absoluten Lüge, der integralen Lüge .. Die UdSSR ist bis zum Rand angefüllt mit Lüge. In den vier Worten, die durch die vier Buchstaben bezeichnet werden[90], stecken vier Lügen.«

Die vor Korrosion schützende Schicht der Ideologie, die die Nomenklatura vor Verwesung schützte, wurde dünn. Der Glaube war verschwunden, es blieb die Angst. Nach dem Tode Stalins begann auch die Angst zu schwinden.

Der »eiserne Winter« wurde abgelöst vom »Tauwetter«[91]. Die totalitäre Gesellschaft begann, sich allmählich in eine autoritäre zu verwandeln. Natürlich vollzog sich dieser Prozeß »von oben«. Nicht ein einziger der härtesten und »grenzenlos ergebenen« Mitstreiter war auch nur einen Augenblick lang gewillt, das System unverändert zu erhalten (all dies ähnelte im übrigen sehr dem Verhalten der Politbüro-Mitglieder mehr als dreißig Jahre später, zu Beginn der Perestrojka). Es versteht sich, daß genausowenig auch nur einer von ihnen damals an eine radikale Umwälzung des Systems dachte. Aber indem sie fast instinktiv die »schiefe Bahn« der Reformen beschritten, markierten sie, ohne sich dessen bewußt zu sein, den Anfang vom Ende des Sozialismus. Dieses Mal ließ sich die Uhr nicht mehr anhalten, sie tickte weiter bis zum »allerletzten Klingelzeichen« am 21. August 1991[92].

Fast vierzig Jahre hatte das Ansammeln von Kräften und Mitteln für den »Thermidor« gedauert, der für das Land so unentbehrlich war und der so verspätet kam. Vor allem waren moralische und ideelle Kräfte angehäuft worden, aber auch soziale und materielle.

Sobald die Walze der Repressionen aufhörte, alles Lebendige unter sich zu begraben, hatte hinter der Fassade des alten Systems, in den fünfziger bis zu den siebziger Jahren eine bürgerliche Gesellschaft heranzureifen und sich zu formieren begonnen. Die soziale Lage war relativ stabil, der Lebensstandard stieg langsam an. Dies führte dazu, daß sich bald vereinzelte soziale Gruppen herauskristallisierten. In den dreißiger und vierziger Jahren fegten über das Territorium des Landes zwischen den GULag-Baracken und Kasernen allein die »Wolken des Lagerstaubs«, diesseits und jenseits des Stacheldrahts. Eben dies nannte man »Gesellschaft«, in der der Mensch nur ein Sandkorn war. In den fünfziger bis zu den siebziger Jahren bildeten sich soziale Strukturen. Natürlich war die Lage für eine bürgerliche Gesellschaft innerhalb des sowjetischen Staates ungefähr so gemütlich wie die von Jonas im Bauch des Wals, aber die Gesellschaft entstand gleichwohl.

Die Stärke des kommunistischen Systems, seine innere monistische logische Ganzheit, wurde nun zu seiner verhängnisvollen Schwäche. Das System begann sich »systemgemäß« aufzulösen, konsequent und irreversibel. Nachdem die Ideologie einmal aufgehört hatte, die Korrosion zu verhindern, »war der Prozeß angelaufen«[93]. Die Korrosion betraf vor allem den tragenden Pfeiler des Systems, die politische Diktatur. Alle äußeren Bestandteile blieben erhalten, aber das Wesen des Systems veränderte sich grundsätzlich.

Nachdem sie von Stalin befreit war, tat die Nomenklatura, die im Jahre 1937 die ersten Plätze eingenommen und für immer die Angst vor den blutigen Begleitumständen ihrer Geburt bewahrt hatte, das Entscheidende: Sie versuchte, sich vor der Möglichkeit erneuter »ungesetzlicher Repressionen« zu schützen. Von eben dieser Angst war die Rede Chruschtschows auf dem XX. Parteitag geleitet, die Rede, die die »Sechziger«, die »Kinder des XX. Parteitags« ins Leben rief. Hier gab es den humanen, idealistischen Aspekt sowie den Aspekt der Selbsterhaltung der Nomenklatura, wobei beide als zusammenhängend und untrennbar dargestellt wurden. So wurde ein wichtiger Schritt von der totalitären Diktatur zu einem autoritären Regime getan, es wurde etwas in der Art des Manifests von Peter III. zur »Aufhebung der adligen Dienstpflicht« erlassen[94]. Der neue Adel war vor allem um sich selbst besorgt: Es wurde eine stillschweigende, aber feste Vereinbarung getroffen, die der Nomenklatura Sicherheit von Person und Vermögen sowie die Unantastbarkeit ihrer Wohnung usw. garantierte. Diese nirgendwo festgeschriebene »Freiheitscharta« der Nomenklatura-Barone leitete die Entstehung einer stabilen Gesellschaft ein.

Von der minimalen persönlichen Sicherheit der Nomenklatura übertrug sich auch etwas auf deren Untergebene, die »einfachen Sowjetbürger«. Sobald sich jedoch die Lage stabilisiert hatte und das Problem der Sicherheit irgendwie gelöst war, trat die Eigentumsfrage unvermeidlich in den Vordergrund. Allmählich deformierte sich die »ökonomische Basis« des Sozialismus.

Privatpersonen begannen zu sparen. Das geschah in einem zu bescheidenen Rahmen, als daß man von »ursprünglicher Kapitalakkumulation« hätte sprechen können, aber es war ein Vorläufer davon. Bestimmte Kategorien von Bürgern sammelten bereits keine Gebrauchsgegenstände mehr, sondern Kapital, für das es einstweilen kein »Ventil«, keine Verwendung gab. Die Nomenklatura, kaufmännische Angestellte, Schattenwirtschaftler, Generale des militär-industriellen Komplexes, einzelne erfolgreiche Kulturschaffende – dies waren die Herren der ersten »Prä-Kapitalien«. Im übrigen war dieses Prä-Kapital nicht gerade bescheiden. Zum Beispiel belief sich das Vermögen des Vorsitzenden des Schriftstellerverbandes der UdSSR, Georgij Markow, nach Aussage von Alexander Tschernjajew (einem Mitarbeiter Gorbatschows) 1986 auf ungefähr 14 Millionen Rubel (nach der Kaufkraft von 1994 ungefähr 40 - 50 Milliarden Rubel. Ich denke, daß sich selbst heute nur wenige eines solchen Reichtums rühmen können).

Von entscheidender Bedeutung war jedoch nicht das Ansparen materieller Mittel für sich allein. Viel wichtiger war, daß sich die Eigentumsverhältnisse und das System der Verwaltung des Staatseigentums änderten.

Die Direktoren, Minister und andere hohe Beamte, die jahrelang die ihnen unterstellten Fabriken, Wirtschaftszweige und Regionen geleitet und sich in dieser Zeit Autorität, Beziehungen und Finanzmittel verschafft hatten, befanden sich in einer relativ stabilen Lage. Das veränderte ihre Psychologie und die reale Verwaltungspraxis einschneidend. Höhere Nomenklatura-Bonzen fühlten sich selbstsicher genug und taten einen gewaltigen Schritt, der den Übergang von der Rolle des Verwalters (in Ermangelung eines Besitzers) zu der des tatsächlichen Herren markierte. Das war noch keine Nomenklatura-Privatisierung, aber das berüchtigte »Herrengefühl« trat bereits in Erscheinung (natürlich nicht bei den Arbeitern, sondern bei denen, die wirklich große Befugnisse hatten).

Als die grausame Tyrannei zusammenbrach, wurde *de facto* auch das einheitliche Verwaltungszentrum geschwächt. Formell blieb das System ein strenges administratives Kommandosystem, das dem ZK, der Staatlichen Plankommission (GOSPLAN) usw. unterstand. In Wirklichkeit war das alles jedoch anders. Die mächtigen Direktoren, Minister und Sekretäre der Gebietskomitees verfügten über informellen und bedeutenden autonomen Einfluß. Wie der Wirtschaftswissenschaftler Najschul schrieb, »herrschte im Land nicht ein Kommandosystem, sondern eine Ökonomie der Abstimmung – ein komplizierter bürokratischer Markt, errichtet auf der Basis des Tauschhandels, der von den Machtorganen und Einzelpersonen realisiert wurde. Im Unterschied zum gewöhnlichen Markt, auf dem Waren und Dienstleistungen für Geld erhältlich sind, wird auf dem bürokratischen Markt nicht nur, ja nicht einmal vorwiegend mit materiellen Werten gehandelt ..., sondern mit Macht und Unterordnung, Regeln und Ausnahmen, mit der Stellung in der Gesellschaft und überhaupt mit allem, was irgendeinen Wert hat. Die Zustimmung eines Unternehmensdirektors zu einer Planerhöhung kann man zum Beispiel im Tausch für die Verbesserung des eigenen dienstlichen Renommées, für eine zusätzliche Röhrenlieferung und die ungesetzliche Erlaubnis zur Verletzung einer der Vorschriften der Instruktion erreichen.«[95]

Einen entsprechenden »bürokratischen Markt« gibt es und hat es immer gegeben. Aber in der normalen Marktwirtschaft nimmt er eine untergeordnete Stellung im Verhältnis zum Markt ein, wo das Preisgesetz herrscht. Der bürokratische Markt ist das, was vom gewöhnlichen Markt übrigbleibt, wenn es kein Privateigentum gibt, wenn man von den Marktverhältnissen das Geld, das allgemeine Äquivalent, »abzieht«. (Analog spielen Gesten und Mimik im Verhältnis zur Rede, wenn sie vorhanden ist, eine untergeordnete Rolle. Bei Stummen treten dafür die Gesten an die erste Stelle.) Der bürokratische Markt ist ein grundlegender Aspekt des Marktes im Rahmen der »asiatischen Produktionsweise«, der dieses System wenigstens irgendwie reguliert und einstellt. Die Entwicklung oder Unterdrückung des bürokratischen Marktes markiert die Grenze zwischen dem autoritären, »asiatischen«, »imperialistisch-sozialistischen« (Lenin) und dem totalitären Gesellschaftsaufbau (Stalin).

Bis zum Staatskapitalismus war es noch weit, aber die Sprungfeder hatte begonnen, sich zu lösen, der Monolith überzog sich überall mit neuen Rissen. Je intensiver sich der bürokratische Markt entwickelte, um so mehr verstanden sich seine Subjekte als selbständige soziale Kräfte mit eigenen Interessen.

Diese »vorbürgerliche« Gesellschaft – eine häßliche, oligarchische Schattengesellschaft mit einem starken Hang zur Kriminalität usw. – war innerhalb des (alten) Systems herangereift. Sie übte nun Druck aus und forderte Veränderungen. Es bedurfte eines legalisierten Ventils für den Wunsch und die Möglichkeit, Eigentum frei zu verwalten und dann auch zu besitzen, und zwar persönliches, privates Eigentum. Das System ging »schwanger mit dem Thermidor«, wenn auch nur in Form des Übergangs zum Staatskapitalismus. Dieser verspätete »Thermidor« reifte langsam heran, mehr als dreißig Jahre lang. Aber die zweite Thermidor-Krise spielte sich schon unter ganz anderen Umständen ab als in der Periode der Neuen Ökonomischen Politik (NEP). Diesmal fürchtete die Nomenklatura eine Restauration des Kapitalismus weit weniger.

In sozialer Hinsicht fühlten sich die Direktoren und Beamten vollkommen abgesichert. Konkurrenten in der Art der NEP-Leute, der Mittelbauern, der »alten Intelligenzija« gab es nicht (mit den »Schattenproduzenten« (*Zechowniki*) hatte die Nomenklatura eine Übereinkunft getroffen, allerdings von einer Position der Stärke aus). Deshalb lag es auf der Hand, daß soziale Spannungen nicht anderen Klassen zugute kommen konnten. Wenn überhaupt jemand, dann konnte nur die Nomenklatura gewinnen.

Es gab noch einen Indikator für den Grad der Entfremdung der Nomenklatura von »ihrer« Ordnung. Die sowjetische Elite wie auch das ganze Volk umschrieben die Lage im Land seit Ende der siebziger Jahre nur noch mit einem Wort: »Marasmus«, Verfall. Natürlich verhielt es sich objektiv so. Viel wichtiger war aber, daß die Nomenklatura sich dessen bewußt war. Diese Tatsache bewies, daß verantwortliche Gruppen der Nomenklatura herangereift und zu Veränderungen bereit waren.

Im wesentlichen hatte sich gegen Ende der siebziger und zu Beginn der achtziger Jahre nur die äußere, brüchige

Hülle der alten Ordnung erhalten (ein hervorragendes Symbol dafür war das gerontokratische Politbüro).

Das furchtbare Regime, das die ganze Welt in Angst und Schrecken versetzte und selbst zu Tode erschrocken war, stützte sich auf die Trägheit, es schützte sich vor dem blendenden Licht der Vernunft, indem es den Kopf im alten zerschlissenen Gewand ideologischer Rituale verhüllte. Diese Rituale hatten schon in den dreißiger Jahren ihren ursprünglichen sowie jedweden anderen Sinn verloren und waren zu einer reinen Farce geworden. Im übrigen konnte man sie gar nicht mehr verhöhnen, als es die Nomenklatura unfreiwillig selbst tat. Wenn die Sekretäre der Gebietskomitees, die Minister, Generale und die Vorsitzenden millionenschwerer Kolchosen sangen, sie seien »hungrige Sklaven« und ihr »empörter Verstand« sei »erglüht und zum tödlichen Kampf bereit«, dann konnte kein Shwanetzkij[96] sie einem bissigeren, vernichtenderen Hohn aussetzen, und kein Ionesco hätte sich eine surrealistischere Szene ausdenken können. Wie es der Dichter ausgedrückt hatte: »Bienengleich, die faul im Korb verwesen, / Duftet übel toter Worte Schwall.«[97] Das Leichengewand toter ideologischer Beschwörungen, das dem Land übergeworfen wurde und in dem es zappelte, verbreitete einen üblen Geruch. Alle sahen, daß der Kaiser nackt, ja mehr noch, daß er tot war. Die dritte Komponente des Systems, die ihm zuweilen Geschlossenheit und Originalität verliehen hatte, die antikapitalistische, eigentumsfeindliche Ideologie, verfiel am schnellsten.

Jedenfalls empfanden sich die Angehörigen der Nomenklatura der sechziger bis achtziger Jahre im Gegensatz zu den Bolschewiki zweifellos nicht mehr als harte Jakobiner. Die Nabelschnur, die sie mit der offiziellen kommunistischen, eigentumsfeindlichen Ideologie verband, hielt nur noch mit Mühe, auf der Basis ihres Partei-Ehrenworts.

In den siebziger Jahren ertönte mit Vehemenz der apodiktische »antisowjetische« Aufruf Alexander Solschenizyns: »Nicht mit der Lüge leben!« Unter den Bedingungen jener Zeit hieß dies, nicht nach den Gesetzen des kommunistischen Verfalls zu leben. Solschenizyn schrieb an die sowjetische Führung: »Geben Sie doch diese abgedroschene Ideologie auf! ... Ziehen Sie, schütteln Sie von uns allen dieses schweißige und dreckige Hemd herunter, das schon so viel Blut aufgesaugt hat, daß es den lebendigen Körper der Nation nicht atmen läßt ...«[98]

Im Grunde genommen rief der Schriftsteller damit zur endgültigen Säkularisierung des Staates auf, indem er forderte, das Staatsgebäude von jener abgeblätterten, verblaßten roten Farbe zu säubern, die einst die sakrale Ideologie gewesen war. Aber vielleicht war die Farbe der einzige Zusammenhalt für das Gebäude, ohne den es einstürzen würde? Was würde der lebendigen Nomenklatura noch bleiben, wenn sie sich von der toten Ideologie losgesagt hätte? Müßte sie sich dann nicht selbst als »abgedroschen« und würden ihre reale Macht und ihr Eigentum sich nicht als illegitim erweisen?

Zu radikalen Veränderungen war die Nomenklatura nicht bereit, aber lokal begrenzte erwartete sie mit Ungeduld. Ich glaube nicht an die Legenden, daß jemand im Ernst die »Rennen auf Lafetten« verlängern wollte (wie man die Begräbnisfeierlichkeiten für die hochbetagten Generalsekretäre ironisch nannte), indem man immer neue Greise zu Herrschern erkor. Allein die Eile, mit der nach dem Tode von Tschernenko die Wahl Gorbatschows bekanntgegeben wurde, bewies, daß diesmal die offizielle Formel »einstimmig« der Wahrheit entsprach. Georgij Arbatow, der sich im März 1985 als Mitglied einer hochrangigen ZK-Delegation der KPdSU in New York befand, erinnert sich, daß alle ZK-Mitglieder nur ein Thema hatten:

Michail Gorbatschow und kein anderer müsse Generalsekretär werden. Sie drohten sogar, andernfalls vor dem ZK-Plenum aufzutreten. Aber die ZK-Mitglieder in Moskau dachten ebenso, und so lief alles nach Wunsch. Als die Delegation in New York erfuhr, daß das Plenum stattgefunden habe und Gorbatschow gewählt sei, da »brach ein wahrer Jubel aus. Ich sagte halb im Scherz zu meinen Kollegen: ›Wartet noch ab mit Eurer Freude, bis wir im Flugzeug sitzen, schließlich haben wir Staatstrauer!‹«

Ich denke, daß man Arbatow in diesem Fall glauben kann. Die Nomenklatura erwartete ebenso wie das ganze Volk eine »Erneuerung« und verband diese Hoffnung mit Gorbatschow. Für die Veränderungen bedurfte es einer Ideologie. Wenn man sich vom Marxismus Suslowscher Prägung befreien wollte, dann kamen als Alternativen im Lande zwei Ideologien in Frage, die Anklang fanden: der traditionelle imperiale Großmachtchauvinismus der »Hyperstaatlichkeit« und der »Sozialismus mit menschlichem Antlitz«.

Hinter der ersten Ideologie stand eine mächtige Tradition. Seit Jahrhunderten war sie die im Lande herrschende offizielle Ideologie. Ihre Herrschaft brach auch im Jahre 1917 nicht ab. Die Säkularisierung des kommunistischen Staates, der Untergang der kommunistischen Ideologie tat dieser Tradition offenbar erst recht keinen Abbruch. Der Kommunismus verwandelte sich einfach endgültig und offiziell in einen Nationalbolschewismus.

Die offizielle Ideologie umfaßte in ihrer rein formellen Definition Anfang der achtziger Jahre (wie auch in allen vorangegangenen Jahrzehnten) zwei völlig verschiedene Komponenten. Inhaltlich ist das ein Hyperstaatswesen, die sakrale Überhöhung der »harten«, autoritären, autokratischen Staatsmacht und ihrer Beamten. Formal sind es die pseudomarxistischen Rituale mit ihrer antikapitalistischen, eigentumsfeindlichen Rhetorik.

Man mußte nur den Plunder der zweiten Komponente abwerfen und die erste in eine neue Form kleiden sowie ihr einen neuen Impuls geben. Dies entspräche sogar dem »Leben nicht mit der Lüge«, jedoch gemäß einer höchst lebendigen imperialen Tradition. Im Grunde genommen ist dies das Konzept unserer heutigen »Patrioten«. Neben der allgemeinen, nicht zur Diskussion stehenden mächtigen Tradition der Vergottung des Staates gab es hier (und gibt es noch) zusätzliche, für viele Menschen attraktive psychologische Nuancen. Dazu gehören Xenophobie, Antisemitismus, imperialer Ehrgeiz und Dünkel. Schließlich ist diese Ideologie fest mit dem allmächtigen militär-industriellen Komplex verbunden, die ständige Alarmbereitschaft ist für ihn eine sakrale Ideologie, die ihm seine Lobby schafft. All diese Anzeichen sprachen für einen garantierten Sieg gerade dieser Ideologie.

Aber was leicht gesagt und logisch überzeugend sein mag, ist in der Realität unmöglich. Erstens waren der Kalte Krieg und der Wettlauf mit der amerikanischen Rüstungsindustrie Mitte der achtziger Jahre bereits hoffnungslos verloren, und dies, obgleich alles restlos in den Heizkessel »unseres Panzerzuges« investiert worden war. In diesem ganzen irrsinnigen System arbeitete die gesamte hochtechnisierte Industrie ausschließlich »für den Krieg«. Unter sol-chen Umständen hätte man das Potential des militär-industriellen Komplexes nur unter einer Bedingung real verstärken können: wenn es gelungen wäre, sämtliche Bewohner der UdSSR nur noch in Soldatenstiefel zu kleiden und sich allein von Maschinenöl für Panzer zu ernähren.

Die »Reichsrenaissance« war jedoch nicht nur technisch undurchführbar. Weit wichtiger war etwas anderes: Sie war sozialpsychologisch unmöglich, denn sie war ungeeignet für die Kapital bildende Nomenklatura.

Tatsächlich gab es keinerlei logischen Zusammenhang zwischen der eigentlich an einer Reichsidee orientierten (»nationalen«) und der kommunistischen, eigentumsfeindlichen (»bolschewistischen«) Komponente der Ideologie. Logisch lassen sie sich leicht voneinander trennen. Aber es gab einen historischen und psychologischen Zusammenhang. In den Jahren 1920 bis 1930 entstand der Nationalbolschewismus als Kompromiß. Jedoch entwickelte sich der reichsorientierte Nationalismus in marxistischer Hülle so lange (fast sechzig Jahre), daß er mit dieser Hülle zusammenwuchs und allein nicht die Kraft hatte, sie abzuwerfen.

Mit anderen Worten, der Sieg der nationalen, an einem übermächtigen Staat orientierten Ideologie hätte in den achtziger Jahren nur ein Sieg des Nationalbolschewismus (gleich Stalinismus) sein können. Für die Nomenklatura wurde dies traditionell mit einem »Anziehen der Schrauben« sowie mit Freiheitsbeschränkungen in Verbindung gebracht, nämlich der Freiheit, sich zu bereichern. Als persönliche Verfechter einer solchen Ideologie traten gerade die »holzköpfigen«, »orthodoxen« Vertreter des Stalinismus auf. Diese waren nicht nur im Volk unpopulär, sondern auch innerhalb der Partei- und Wirtschaftsnomenklatura, ja sogar der Nomenklatura des militär-industriellen Komplexes, die sich endlich ihre langgehegten Wünsche nach Eigentum erfüllen wollte.

Unter diesen Umständen fiel der Sieg zunehmend der Ideologie des »Sozialismus mit menschlichem Antlitz« zu. Dieses »Antlitz« war die einzige Schutzmaske, unter der sich seit den sechziger bis in die achtziger Jahre ein Konglomerat unterschiedlichster Ideen zusammenfand. Da gab es Theorien, die tatsächlich den utopisch-humanistischen Varianten des »frühen Marx« und des »wahren Marxismus« (ja sogar des »wahren Leninismus«, als Gegengewicht zum »schlechten Stalinismus«) nahekamen. Zudem fanden sich

Ideen, die der Sozialdemokratie und sogar dem gewöhnlichen Liberalismus verwandt waren, vor allem aber natürlich die banale Vorstellung einer von dem »marxistischen Unsinn« befreiten »Konsumgesellschaft«. All dies wurde auf die erstaunlichste Weise miteinander verflochten und von den verschiedensten Personen und sozialen Gruppen artikuliert. Die Hauptthese war eine negative: Sie bestand in der Ablehnung der verfallenden, erstarrten poststalinistischen Ideologie und des Systems und als Gegengewicht dazu in einer allgemein »prowestlichen« Neigung. Es fragte sich dann nur noch, wer was unter dem Westen verstand. Der eine verband damit den »Prager Frühling«, der andere den Eurokommunismus, der dritte das »schwedische Modell«, aber alle ohne Ausnahme assoziierten damit Luxusgeschäfte und eine geordnete Lebensweise. Nur sehr wenige verbanden damit ein konsequent liberales politisches und ökonomisches System.

Es waren völlig verschiedene Menschen, die man dieser Strömung zuordnen konnte: der »Schattenproduzent« aus Georgien, der den Sekretär des Gebietskomitees bestach und davon träumte, dies auch künftig zu tun, um seine Produktion erweitern zu können; der Bürgerrechtler aus der »Helsinki-Gruppe«[99]; der Berater aus der Internationalen Abteilung des ZK der KPdSU, der für eine Politik der »Détente« plädierte; der akademisch gebildete Historiker, der versuchte, sich in den Fälschungen um die authentische Geschichte der KPdSU zurechtzufinden; der Devisenschieber, der von der Abschaffung des entsprechenden Paragraphen im Strafgesetzbuch träumte; der Vertreter der »Jeunesse dorée«, der im MGIMO[100] studierte und der gegen den Kapitalismus nur in dessen Hochburg zu kämpfen bereit war; der Direktor, der »seine« Fabrik selbständig leiten und über die von ihr erbrachten Gewinne verfügen wollte; der Außenhandelsbeamte, der neiderfüllt seine reichen westlichen Partner betrachtete (wenn er nicht gar »Geschenke« von ihnen annahm). Hätte jemand all diese Menschen zusammengebracht und ihnen gesagt, das objektive Endergebnis ihrer Anstrengungen werde die baldige Liquidierung aller Strukturen, mit denen sie alle in irgendeiner Form verbunden waren, und das Anbrechen von politischer Freiheit, Markt und Kapitalismus in Rußland sein, dann hätten sie dies schwerlich für möglich gehalten.

1985 öffneten sich die Schleusen, und alles vollzog sich in ebendieser Weise. Wenn man von der »Ineffektivität« der Ryshkow[101]-Gorbatschowschen Reformen, von ihrem zu langsamen Tempo und von den verpaßten Gelegenheiten spricht, so vergißt man stets das Entscheidende: für wen die Reformen gedacht waren und welchen sozialen Sinn sie hatten. Bedenkt man, daß dieser Sinn ja gerade in der »Nomenklatura-Privatisierung« bestand, dann sind diese Anschuldigungen ungerecht. Alles wurde durchaus rasch getan, wenn auch nicht sehr zuverlässig. Es ist eine andere Sache, daß nur ein paranoides Denken, das allenthalben »Verschwörungen« wittert, die Verhältnisse so darstellen kann, als wäre sukzessiv irgendein »geheimer Verteilungsplan«, nämlich die Nomenklatura-Privatisierung des Staatseigentums, realisiert worden. Natürlich gab es nichts dergleichen und konnte es auch gar nicht geben. Die Nomenklatura war selbst zu ihren besten Zeiten nicht so weitsichtig und vor allem nicht so homogen, daß sie dergleichen Pläne hätte schmieden und ausführen können. Bei einer Aufteilung des Staatseigentums ist überhaupt nicht daran zu denken, nach einem allgemeinen Plan vorzugehen. Alles geschah wie immer in der Geschichte nach der Methode von Versuch und Irrtum, aber, wie man sagen muß, durchaus effektiv. Denn von den erfolgreichen »Versuchen« profitierte die Bürokratie, und für die »Irrtümer«

zahlte der Staat. Die Nomenklatura tastete sich Schritt für Schritt vorwärts, alles andere als planmäßig, sie richtete sich vielmehr nach ihrem sicheren Instinkt. Sie folgte dem Geruch des Eigentums wie das Raubtier seiner Beute.

Die Tatsache, daß die von oben in Gang gesetzte Revolution in den unteren Schichten unter egalitären, gegen die Nomenklatura gerichteten Parolen aufgegriffen wurde, ist ganz natürlich.

Noch 1990 (!) glaubten viele nicht daran, daß die Perestrojka ernst gemeint sei, sie hielten sie für ein Täuschungsmanöver, dazu gedacht, das tradierte sowjetische System zu stärken und zu konsolidieren. Natürlich wäre ein solches Manöver absurd gewesen, wenn man alle äußeren Merkmale in Betracht zieht: das politische und ökonomische System, die Ideologie, das Imperium und das übrige, was als etwas der menschlichen Natur Aufgezwungenes erkannt wurde. In Wirklichkeit initiierte die Perestrojka ganz andere Dinge: die Anstrengungen der Nomenklatura, das bürokratische Marktsystem zur Vollendung zu bringen, die Suche nach neuen Bezeichnungen für alte Dinge, nach neuen theoretischen Rechtfertigungen für ihre Herrschaft. Hierfür war es unerläßlich, die Fassade der baufälligen Ordnung zu verändern. Das hieß, die Eigentumsverhältnisse, die sich spontan im Inneren des Systems gebildet hatten, zu legalisieren und das Gebäude eines von der Nomenklatura beherrschten bürokratischen Staatskapitalismus zu errichten bzw. aus dem Schatten ans Tageslicht zu bringen. In der Praxis war dies nur mit Parolen, die sich gegen die Nomenklatura richteten, zu erreichen.

Das ist das übliche Schicksal einer jeden Revolution, die zwar physisch von den breiten Massen, in der Regel aber im Interesse einer organisierten Minderheit vollzogen wird, die gewöhnlich bereits unter dem alten Regime gut situiert und durchaus privilegiert war. Es gibt hier eine bestimmte Ironie, eine »Tartuffe-artige« Wendung der Revolution, die immer mehr verspricht, als sie hält. Bekanntlich waren viele aktive Demokraten von 1990/91 später enttäuscht. Manche von ihnen, wie Jurij Wlassow[102], wurden aus diesem Grunde zu leidenschaftlichen Reformgegnern.

Aber ein Zusammenfallen der deklarierten Ziele mit den Ergebnissen gibt es in der Politik nicht, um so weniger angesichts heftiger, revolutionärer Wendungen: Je gewaltiger, radikaler, »aufrichtiger« und »konsequenter« eine Revolution ist, um so tiefer klafft der Abgrund zwischen ihren Zielen und Absichten, den Hoffnungen der Massen und ihrem tatsächlichen Ausgang. Dies gilt um so mehr, wenn es sich um eine blutige und irreversible Revolution handelt. 1990/91 bestand eine solche Gefahr, jedoch gelang es, ihr zu entgehen. Zu einer echten Revolution, die im Ausmaß ihrer Zerstörungen mit dem vergleichbar wäre, was man darunter gewöhnlich versteht, kam es damals zum Glück nicht. Man kann einen terminologischen Streit darüber ausfechten, ob bei uns damals eine friedliche, »sanfte« Revolution oder eine radikale Evolution des Staates stattfand, aber jedenfalls kam es nicht zu einer Explosion. Ich denke, das hat eine ganze Reihe von Ursachen.

Zum ersten lag dies an der Weltlage. Das friedliche Europa trug nicht jenes Maß an Haß und Aggression in sich wie zur Zeit des Ersten Weltkriegs, der den Bolschewismus hervorbrachte. In ganz Osteuropa ereigneten sich »samtene« Revolutionen, selbst in Rumänien kam es nicht zu einer echten, großen Revolution. Eher erinnerte das an 1848 – an den Sturm »studentischer«, demokratischer, bürgerlich-demokratischer Revolutionen. Zweifellos hat der »westliche Wind« einen segensreichen Einfluß auf unser Land ausgeübt. Die populärsten oder, wenn man will, die populistischsten Losungen der Jahre von 1988 bis 1991 waren diejenigen für Freiheit und Markt. Gewissermaßen waren dies Plädoyers für eine »Konsumgesellschaft«. Und unser Wähler hoffte naiv oder, genauer, einfach zu ungeduldig (obwohl im Grunde mit Recht), daß die Verwirklichung dieser Losungen ihm einen ebensolchen Lebensstandard bescheren werde, wie man ihn in der »zivilisierten Welt« findet.

Zum zweiten gab es die russische historische Erfahrung. In der Zeit von 1900 bis 1953 wurde das Land immun gegen politischen Terror, gegen gewaltsame Revolutionen, seien es nun permanente oder einmalige. 1988 bis 1991 fand sich keine ernstzunehmende politische oder soziale Kraft, die es riskiert hätte, »Rußland zum Beil zu rufen«.

Bereits 1969 versuchte Andrej Amalrik eine Prognose, was bei dem unvermeidlichen Zerfall des Sowjetsystems geschehen werde. Er schrieb: »Man kann sich leicht vorstellen, welche Formen die Unzufriedenheit annehmen und wohin sie führen kann, wenn das Regime hinfällig wird. Verglichen damit werden sich die Schrecken der russischen Revolutionen von 1905 bis 1907 und von 1917 bis 1920 wie idyllische Bilder ausnehmen.«[103]

Dieser »prophylaktische Schrecken« lastete von 1988 bis 1991 auf dem Bewußtsein der radikalen Intelligenz, die, obwohl sie die allgemeine Unzufriedenheit mit dem Regime noch anfachte, sich zugleich äußerst vorsichtig verhielt. In all den Fällen, in denen die Intellektuellen zu Anfang des Jahrhunderts »auf das Gaspedal drückten«, beeilten sich ihre Enkel, auf die Bremse zu treten. Aber dieselbe Angst beherrschte auch das Bewußtsein der meisten Wähler. Vielleicht ohne die Details und historische Einzelheiten zu kennen, empfanden die Menschen intuitiv das Wichtigste – etwas Schlimmeres als eine gewaltsame Revolution konnte es nicht geben. »Das Vorgefühl des Bürgerkrieges«, das der bekannte Barde Schewtschuk besang, ist so nur ein Vorgefühl geblieben. In dieser neuen russischen Revolution spielten weder die Intelligenz noch das Volk die Rolle ungeduldiger selbstmörderischer Extremisten.

Überdies muß das politische Verantwortungsbewußtsein Jelzins hervorgehoben werden, der während der ganzen Zeit das Haupt der Bewegung war und sie fest in der Hand hatte, der erfolgreich einem Aufruhr entgegensteuerte und der 1991 die Ablösung des Regimes in zivilisierter Weise durchführte: der Form nach revolutionär, im Wesen auf der Basis von Kompromissen.

Zum dritten schließlich verfuhr die Nomenklatura selbst bei der Lösung ihrer Aufgaben ziemlich bedächtig. Sie verhielt sich flexibler, als man hätte erwarten können. Praktisch erhob sich vor dem Volk keine eiserne Wand, die man hätte niederreißen müssen. Die Wand gab jedes Mal leicht nach, sie erwies sich als »Gummiwand«, was gewaltsame Handlungen sinnlos machte. Im Gegenteil, eine »sanfte Revolution« wurde hierdurch etwas ganz Selbstverständliches und reichte zudem völlig aus.

Angst und historische Erfahrung beherrschten auch die Nomenklatura. Aber entscheidend war, daß es ihr leicht fiel, »Prinzipien aufzugeben«, ganz einfach deshalb, weil sie längst keine mehr hatte: Die deklarierten Prinzipien erschienen ihr lächerlich, ja, sie waren ihr zuwider. Ihre eigenen Interessen gab sie indessen keineswegs auf, sie setzte sie vielmehr mit Erfolg durch. So gelang es, ein vielleicht nicht allzu effektives, aber das für Rußland doch effektivste politische Ergebnis im 20. Jahrhundert zu erreichen: nämlich eine entschiedene, jedoch friedliche, dem Wesen nach evolutionäre, obgleich der Form nach revolutionäre Veränderung. Daß das Kompromißregime, das schließlich entstand, eine Menge von Widersprüchen und potentiell gefährlichen Aspekten in sich birgt, steht auf einem anderen Blatt.

Die wichtigste Frage ist damals allerdings offengeblieben: welche Gesellschaftsordnung wir errichten, wohin wir »von den Höhen des Sozialismus« gehen, ob in eine offene Marktwirtschaft »westlichen Typs« oder in einen Nomenklatura-Kapitalismus, eine weitere Variante des von Lenin beschriebenen »Imperialismus« und der »asiatischen Produktionsweise«, von der Marx gesprochen hatte.

Diese Frage haben wir heute zu entscheiden, dies ist unsere Wahl.

5. Kapitel
Die ursprüngliche Akkumulation

Alles ist mein, sagte das Gold;
Alles ist mein, sagte der Stahl.
Ich kaufe alles, sagte das Gold;
Ich nehme alles, sagte der Stahl.
Alexander Puschkin

Heute können wir aus den sozialökonomischen Veränderungen der letzten Jahre eine vorläufige Schlußfolgerung ziehen.

Wenn man sie auf eine Formel bringen will, dann kann man sie als Tausch von Macht gegen Eigentum darstellen. Dies ist ebenso richtig wie falsch. Gerade diese Formel offenbart den grundlegenden sozioökonomischen und politischen Widerspruch unserer Zeit.

Der Tausch von Macht gegen Eigentum seitens der Nomenklatura ... Das klingt nicht angenehm. Aber wenn wir realistisch sein und von dem gegen Ende der achtziger Jahre bestehenden Kräfteverhältnis ausgehen wollen, dann war dies der einzige Weg, Staat und Gesellschaft friedlich zu reformieren. Die Alternative dazu wäre allgemeiner Aufruhr gewesen, Bürgerkrieg ... mit einer darauf folgenden Diktatur der neuen, siegreichen Nomenklatura.

Man kann Rußland der Nomenklatura nicht gewaltsam entreißen. Dies erübrigt sich auch insofern, als man es »loskaufen« kann. Die Trennung von Eigentum und Macht, die Entstehung eines freien Marktes, wo das Eigentum nach Wettbewerbsgesetzen ohnehin ständig den Besitzer wechselt – hierin liegt die optimale Lösung. Selbst wenn die Nomenklatura zu Beginn auf diesem Markt die entscheidenden Positionen einnimmt, so ist dies lediglich die Gewähr dafür, daß die Eigentumsrechte eben erblich sind. Im weiteren muß jeder Eigentümer seinen Status durch seine Arbeit legitimieren. In jedem Fall wäre ein solcher Tausch von Macht gegen Eigentum ein gewaltiger Schritt vorwärts beim Übergang vom »Imperialismus« zum freien, offenen Markt, von der »asiatischen Produktionsweise« zur europäischen. Er würde das Ende der Nomenklatura als einer stabilen, lebenslang bestehenden, erblichen und keinen Marktgesetzen unterworfenen politisch-ökonomischen Elite bedeuten.

Dies ist die eine Variante des »Tauschs von Macht gegen Eigentum«. Diese Variante stellte die Demokratie zufrieden, nicht aber die Nomenklatura.

Für die Nomenklatura – die Direktoren, leitenden Beamten des Ministerrats, Generale des militär-industriellen Komplexes und des KGB, Gebiets- und Rayonsekretäre usw. –, die tatsächlich den Systemwechsel durchgeführt und auf einen Teil ihrer administrativen Macht verzichtet hat, um Eigentum erwerben zu können, bedurfte es eines anderen Arguments für den Tausch. Es ging ihr darum, Eigentum zu erwerben und sich zugleich eine Machtgarantie zu erhalten. Für sie war entscheidend, daß das Eigentum im Land nicht unter dem Einfluß von Marktgesetzen zirkuliert, sondern, wie zuvor, im Magnetfeld der Macht.

Die Nomenklatura wollte das System – das Staatseigentum – auf die eigenen Taschen verteilen und dabei diejenigen Elemente des Systems erhalten, die die Herrschaft über das Eigentum garantieren. Das Nomenklatura-Küken pickt sich durch die harte Schale – sie ist ihm zu eng, aber außerhalb der Eierschale lauern Schrecken.

Im übrigen ist all dies keineswegs allein für die Nomenklatura charakteristisch. Viele würden von einem »sehr privaten« Eigentum träumen – privat für sich selbst und für ihren Clan im Hinblick auf Verwaltung, Besitz und Gewinn. Für alle anderen sollte es Staatseigentum geben. Der bekannte und durchaus konkurrenzfähige Unternehmer M. Jurjew schreibt ganz unverblümt: »Den Interessen des Großkapitals, im Unterschied zum kleinen und mittleren, und ebenso der Masse der Bevölkerung, entspricht am ehesten eine halbliberale Ökonomie: liberal für sich selbst, nicht aber für die anderen.« Wenn jedoch ein solches »Großkapital« von Anfang an die herrschende Klasse bildet, verbunden durch alte Machtbeziehungen, dann wird es versuchen, energisch seine Interessen durchzusetzen.

Die Idealformel für die Bürokratie lautet so: »Der Macht das Eigentum hinzufügen!« Als Grundlage des Marktes kann man den alten »bürokratischen Markt« nehmen, wo die Position des Teilnehmers durch seinen Rang, durch seinen administrativen Einfluß bestimmt wird. Er muß lediglich lernen, aus diesem Markt echten finanziellen Gewinn zu schöpfen. In unserer neuen Terminologie wurde das ziemlich korrekt als »regulierter« Markt bezeichnet, reguliert durch die Nomenklatura. Es ging darum, die Entstaatlichung so durchzuführen, daß im Ergebnis, um die Leninsche Imperialismus-Definition zu paraphrasieren, die Produktion (Produktionskosten und Risiko) gesellschaftlich blieb, der angeeignete Besitz jedoch privat wurde. Die Grundlage des staatsmonopolistischen Kapitalismus, des Imperialismus, gilt es zu erhalten. Die Privatisierung wird nicht offiziell proklamiert und nicht offen durchgeführt, aber realiter findet sie statt, und zwar »streng geheim«, nur im eigenen Kreis, für die eigenen Leute.

In der ersten Etappe sieht diese Entwicklung ungefähr folgendermaßen aus: Die Kontrolle über das Eigentum bleibt in den Händen des Staates (der Bürokratie), dafür aber schwächt der Staat die Kontrolle über die Bürokraten selbst ab und verliert sie faktisch ganz. Oder mit anderen Worten: Die Funktionäre (als Staatsbeamte) erfreuen sich nach wie vor enormer Möglichkeiten in der Verwaltung und Verteilung der Ressourcen. Im gegenseitigen Umgang jedoch, innerhalb des staatlichen Systems, übernehmen sie eine offen marktwirtschaftliche Sprache und treiben bereits unverhüllt Handel untereinander und mit Geschäftsleuten aus dem Kreis der Nomenklatura. Sie tun dies u. a. mittels finanzieller und natürlicher Ressourcen (günstige Kredite bzw. Quoten, Lizenzen), über die sie verfügen, mittels Anlagekapital und der Produktion »ihrer« Unternehmen.

Seinerzeit schlug der Erfinder des Begriffs des »administrativen Kommandosystems«[104] vor, daß jedem Beamten ganz offiziell »Provision« zugebilligt werden sollte, ein bestimmter Prozentsatz der von ihm bewilligten Finanzoperationen. So stellte sich der bekannte Ökonom offensichtlich die Entstehung des Marktes »innerhalb des Systems« vor. Wenn man »offiziell« als »öffentlich« zu verstehen hatte, so war die Nomenklatura damit keineswegs einverstanden. Wenn »offiziell« dagegen bedeutete – mit hohen Gebühren, nach strengen Regeln, dann paßte dies in der Tat in ihren Traum. Den Traum, den sie auch verwirklicht hat.

So ergab sich für die Bürokratie eine wirklich ideale Lösung: Der Besitzaneignung nach befinden sich ihre Vertreter in der Rolle von Eigentümern, sind »Kapitalisten nach eigenen Regeln«, aber dem Grad der Verantwortlichkeit nach sind sie nicht nur keine Kapitalisten, sondern nicht einmal mehr Beamte im herkömmlichen Sinn. Ihre Disziplin ist äußerst geschwächt. Zudem schufen sie unter dem Dach verschiedener Staatsunternehmen ihre (Verwandten und Freunden der Direktoren gehörenden) Kooperativen, GmbHs, Kleinbetriebe, Joint-ventures usw. Deren wirtschaftlicher Sinn besteht darin, daß sie Geldmittel für die Nomenklatura »in Bares umwandeln« und »waschen«. Wenn man dies alles zusammennimmt, erhält man eine wirklich geniale Lösung. Alle Wege zur Bereicherung stehen der Nomenklatura offen, sie selbst aber trägt keinerlei Verantwortung. Das ist die Situation eines »Verwalters«, eines »Staatsdieners«, wo es keinen »Herrn« gibt und der Staat paralysiert ist.

Die Konstruktion dieses Systems war tatsächlich höchst einfach. Der alte bürokratische Markt funktioniert offen, aber neben ihm, in ihm untergeordneter Stellung, bildet sich ein normaler Wirtschaftsmarkt. Dieser erfüllt freilich *de facto* nur eine Hilfsfunktion – er wäscht Geld und dient dazu, die Machtbefugnisse der Funktionäre beständig in Geld zu »konvertieren«.

Darin bestand im wesentlichen das administrative Kommandosystem, welches gelernt hatte, den Markt auszubeuten. (Genauer: das einen verdeckten Markt schuf, um ihn auszubeuten.)

Das war natürlich nichts grundsätzlich Neues. Es ist lehrreich, diese Konstruktion mit dem bürokratischen Markt zur Zeit der Neuen Ökonomischen Politik zu vergleichen, wie sie z. B. von Jurij Larin[105] im Jahre 1927 beschrieben wurde. Nach der Aufzählung von »zwölf Arten illegaler Tätigkeit von Privatkapitalisten« (natürlich im anklagenden Ton eines Staatsanwalts) hebt er die wichtigste hervor – die Existenz von »Teilhabern« und »Agenten« im Staatsapparat. »Im Staatsapparat gab es einen begrenzten, nicht sehr zahlreichen, vielleicht auf insgesamt einige Zehntausend Menschen zu schätzenden Kreis von Personen, die ... in Wirtschaftsorganen arbeiteten und gleichzeitig verschiedene Unternehmen organisierten, welche entweder auf den Namen ihrer Verwandten, Teilhaber oder sogar direkt auf den eigenen liefen. Aus den Staatsorganen, in denen sie arbeiteten, pumpten sie dann in ihrer Verfügungsgewalt befindliche staatliche Mittel in diese Privatunternehmen. Nach der Durchführung einer solchen Transaktion schieden sie gewöhnlich aus den Staatsorganen aus und stellten sich auf eigene Füße.« Weiter schreibt er: »Unter der pseudostaatlichen Form des Bestehens von Privatkapital verstehe ich, daß ein Privatunternehmer seine Tätigkeit entfaltet, indem er formell in den Staatsdienst tritt, einen Dienstrang und dienstliche Befugnisse bekommt ... In der Tat gibt es hier einen Vertrag zwischen dem privaten Lieferanten, dem privaten Unternehmer, dem privaten Hersteller und dem staatlichen Organ. Formell jedoch tritt dieser Lieferant, Unternehmer, Hersteller usw., der als Staatsdiener gilt, nicht im eigenen Namen auf, sondern im Namen der staatlichen Einrichtung ... Mit einem Wort, er bedient sich aller Vorteile des Staatsorgans, ist aber in Wirklichkeit ein Privatunternehmer, der mit den Staatsorganen lediglich vertragliche Beziehungen hat.«

Es ist interessant, daß Larin die gesamte Größe des Privatkapitals dieser »einigen Zehntausend« auf 350 Millionen Goldrubel des Jahres 1923 ansetzt, das heißt nach heutigem Wert wären das ungefähr fünf Billionen Rubel. Zweifellos ist heute (sogar bereits seit 1990-91) der Umfang des Privatkapitals weit größer. Aber wenn sich auch die Summen unterscheiden, so ist der Mechanismus seiner Entstehung ziemlich genau getroffen. Faktisch konnte seit 1988 ein großer, ständig wachsender Teil der Staatswirtschaft als eine »pseudostaatliche Form der Existenz von Privatkapital« gelten. Einige Jahre später wurde diese Form die dominierende.

Nicht schlagartig, sondern allmählich gelangten wir – ungefähr 1990 – zu etwa diesem Zustand. Und jeder Schritt brachte der Nomenklatura neue Vorteile. Marksteine waren das Gesetz über die Kooperativen, die Wahlen der Direktoren, die Verringerung ihrer Verantwortlichkeit gegenüber den Ministerien. Dies vollzog sich parallel zum vollständigen Absinken der sogenannten »Parteidisziplin«, auf die sich alles im Staate stützte, und zu einer Änderung der Vorschrift, die es den Unternehmen nun ermöglichte, die Löhne zu erhöhen und die Preise für ihre Produktion heraufzusetzen, wobei die Preise formal nicht freigegeben waren. Die Zeit des »späten Ryshkow« und Pawlows[106], die Jahre von 1988 bis 1991, waren meines Erachtens das »goldene« Zeitalter der politisch-ökonomischen Eliten. Nicht zufällig wurde die Grundlage der meisten großen Vermögen und Firmen, die bei uns heute noch eine beherrschende Stellung innehaben, in eben jenen Jahren geschaffen.

Die wesentlichen sozialen Gruppen, die damals enorme Reichtümer erworben haben, sind bekannt: ein Teil der Funktionäre und der Direktoren, die Leiter »ausgewählter« Kooperativen, die aus dem einen oder anderen Grund von Anfang an große staatliche Zuwendungen bekamen, die im Rahmen des Komsomol entstandenen Geschäftszweige. Eben diese Gruppen akkumulierten das erste Kapital, mit dem sie eiligst »unabhängige Banken« und Immobiliengesellschaften gründeten, wobei sie einen äußerst günstigen Markt eroberten, oder – genauer – ihn überhaupt erst schufen.

Diese »Pioniergruppen« bildeten ziemlich geschlossene Kreise. Sie konnten über sich sagen: »Fremde verkehren hier nicht.« Natürlich ist es unrealistisch, im Zuge massiver Bereicherung eine hermetische Abgeschlossenheit aufrechtzuerhalten, wie es auch für die alte Nomenklatura kein realistisches Ziel war, in bester Ordnung unbeschadet die ersten Reihen der Marktelite einzunehmen und den entstehenden Markt vollständig zu okkupieren. Aber dank der starken Verwaltungskontrolle über die »Vergabe« großer Vergünstigungen (und das heißt: Vermögen) gelang dies in bedeutendem Maße. Zumindest gab es nach 1991 keine wesentliche Bewegung »großer Gelder« mehr. Die wirtschaftliche Elite, die zu jener Zeit bereits entstanden war, erwies sich als hinreichend stabil.

Parallel dazu entstanden auch neue Gruppen einer politischen Elite: eine Mischung aus der »umgestalteten« alten Nomenklatura und aus denen, die es gewagt hatten, an jener großen Lotterie teilzunehmen, die mit dem Beginn der ersten freien Wahlen in der Geschichte Rußlands eröffnet worden war.

Im Gegensatz zu dem derzeit in der Presse verbreiteten Klagen und Jammern ist festzustellen, daß das Ausmaß der Plündereien der Nomenklatura in den Jahren von 1990 bis 1991 bei weitem das übertraf, was wir in dieser Hinsicht in den folgenden Jahren erlebten (und noch erleben). Einzelne große Skandalaffären sind hier nicht entscheidend. Es geht nicht um den einen oder anderen Skandal, die es immer gab und geben wird, sondern um das System. Das System der Jahre 1990 und 1991 mit seiner völligen Rechtsunsicherheit hinsichtlich des pseudostaatlichen Eigentums und ohne jegliche Verantwortlichkeit war gleichsam (oder tatsächlich?) speziell dazu geschaffen, sich furchtlos und ohne die geringsten Hemmungen zu bereichern. Hinzu kam damals noch der Umstand zweier paralleler Machtzentren – des Kreml einerseits und andererseits des russischen Obersten Sowjets bzw. der lokalen Machtinstitutionen in den anderen Sowjetrepubliken. Die Nomenklatura zog sich auf den »neutralen Streifen«, ins »Niemandsland« zurück, wo man alles tun konnte und nur davon träumte, dort möglichst lange zu verweilen.

In jenen Jahren hat man Lenin viel gescholten. Aber gerade damals hat sich seine Charakterisierung des staatsmonopolistischen Kapitalismus (Imperialismus) als räuberisch, parasitär und faulend glänzend bestätigt. Die Effektivität dieses postkommunistischen Imperialismus erwies sich als so groß, daß sich das Land tatsächlich dem wirtschaftlichen Zusammenbruch näherte.

Dies ist der Preis eines sich spontan ergebenden historischen Kompromisses. Die Nomenklatura errichtete zu ihrem Vorteil nach ihrem Maße, in dem ihr gemäßen Tempo den Kapitalismus. Aber gerade dies hat es dem ganzen Lande ermöglicht – unter demokratischen, gegen die Nomenklatura gerichteten Losungen – friedlich, ohne Bürgerkrieg, eine bedeutende Strecke des objektiv notwendigen Weges zum Markt zu gehen. »Organisieren«, schlau »planen« hätte das alles ohnehin niemand können – es sei denn, die »prästabilierte Harmonie« der Geschichte selbst.

Gegen Ende 1991 hatten wir eine Mischung aus bürokratischem und ökonomischem Markt (wobei der erstere dominierte). Wir hatten das fast fertiggstellte Gebäude des Nomenklatura-Kapitalismus (eben unter Inkaufnahme der grundsätzlichen Rechtsunsicherheit bezüglich der formalen Eigentumsrechte). Es herrschte die für den bürokatischen Kapitalismus ideale Form: eine pseudostaatliche Form des Wirkens von Privatkapital, auf politischem Gebiet eine Mischung aus präsidialer Regierungsform und der der Sowjets, eine postkommunistische wie prädemokratische Republik.[107]

Und während die bisher herrschenden Klassen erfolgreich ihre Probleme lösten, wurde die Wirtschaft vollständig ruiniert. Natürlich war die überflüssige Industrieproduktion Ende 1991 fast doppelt so hoch wie heute, im Herbst 1994. Freilich waren die Geschäfte leer, das Geld (sowjetische »Eintagszahlungsmittel«) war nichts wert, Anweisungen wurden nicht ausgeführt, Weltuntergangsstimmung machte sich breit. Die Bedrohung durch Hunger und Kälte, der Stillstand des Transportsystems und der Zerfall des Landes waren in aller Munde.

In jenen Tagen begannen nun die »Feuerwehrreformen«, und ein »Kamikaze«-Kommando wurde zusammengestellt.

Man rief uns zusammen, als der Zeitpunkt der Entscheidung gekommen war. Bis dahin war die Nomenklatura-Privatisierung nach dem für die »asiatische Produktionsweise« klassischen Szenario verlaufen, nämlich als stillschweigende Ausplünderung der Satrapie durch ihre Satrapen. Im Mittelalter konnte sich dieser Prozeß über Jahrzehnte hinziehen, beim heutigen Tempo genügten drei Jahre (1989 bis 1991), um auf den Grund des Brunnens zu sehen. Aber die charakteristischen Merkmale blieben dieselben: eine heimliche, parasitäre Privatisierung ohne Marktmechanismen und ohne Änderung der Rechtsformen des Eigentums. Am 1. Januar 1992 waren in Rußland offiziell 107 Geschäfte, 58 Kantinen und Restaurants und 36 Unternehmen des Dienstleistungsbereichs privatisiert. In Wirklichkeit wurden praktisch alle Wirtschaftszweige durch die Nomenklatura privatisiert, wenn man danach geht, wer über das Eigentum verfügt und den Gewinn daraus zieht. Aber nach der erfolgreichen Vollendung der Nomenklatura-Privatisierung stand das Land am Rande des Abgrunds. Das verstand sogar die Nomenklatura recht gut, lebte und bereicherte sie sich doch immerhin in »diesem Lande«. Deshalb war sie zumindest zu geringen »Zugeständnissen« bereit.

Eine solche Privatisierung endete in orientalischen Gesellschaften in immer gleicher Weise: in allgemeinem Aufruhr und einer neuen Diktatur. Der gewöhnliche Zyklus der sozialen Entwicklung dieser Gesellschaften ist folgender: Diktatur – Zerfall (Privatisierung) – allgemeiner Aufruhr – neue Diktatur. Der Aufruhr zeigte sich bereits am Horizont. Das Paradox bestand darin, daß wir gerade damals, als das psychologische Vertrauen in eine demokratische Führung am größten war, objektiv der Gefahrenzone der »drohenden Katastrophe« so nahe kamen wie nie zuvor.

Als wir die ganze Schärfe der Situation erfaßt hatten, erkannten wir auch, daß es möglich war, die Entwicklung auf ein anderes Gleis zu lenken. Um die Zügellosigkeit der Nomenklatura in den Griff zu bekommen, gab es nur zwei Auswege: allgemeinen Aufruhr und in der Folge eine neue Diktatur oder die »Entflechtung« des sozialen Raumes. Dies bedeutete den Übergang vom bürokratischen zum offenen Markt mit seinen Mechanismen, von der versteckten »Nomenklatura-Privatisierung« zu einer offenen demokratischen Privatisierung, vom staatsmonopolistischen Kapitalismus zum »offenen« Kapitalismus. Eben dieser Weg wurde in jenen Tagen beschritten.

Wenn bis Ende 1991 der Tausch von Macht gegen Eigentum im wesentlichen auf dem von der Nomenklatura gewünschten »asiatischen« Wege erfolgte, so nahm dieser Tausch mit Beginn der echten Reformen (1992) eine andere, nämlich marktwirtschaftliche Form an.

Die Freigabe der Preise, der Erlaß über die Freiheit des Handels, die Konvertierbarkeit des Rubels, der Beginn einer geregelten Privatisierung ist unter sozialökonomischen Gesichtspunkten folgendermaßen zu beurteilen: Es ist ohne Gewaltmaßnahmen und ohne »wirtschaftlichen Ausnahmezustand« gelungen, das System der Eigentumsverhältnisse, das katastrophale System von Ende 1991 behutsam zu verändern.

Ich vertrete grundsätzlich die Auffassung, daß harte strategische Ziele mit weichen taktischen Mitteln zu verfolgen sind. Ein Beispiel dafür ist die Politik von Anfang 1992.

Das Ziel war klar: die Wiederherstellung einer lenkbaren Wirtschaft durch die Einführung ordnender, objektiver Spielregeln in das entstandene System. Dorthin gab es nur einen Weg: objektive Wirtschaftsgesetze einzuführen, die der Maßlosigkeit der Nomenklatura Grenzen setzten. Taktisch war dies ein »weiches« Mittel: Es hat das entstandene soziale Kräftegleichgewicht mechanisch nicht verletzt. Niemand hat die Direktoren und Ministerialbeamten entlassen, man hat ihre Konten nicht gesperrt und ihre Geschäftskorrespondenz nicht beschlagnahmt, ihr Status, ihre Mittel und Beziehungen blieben erhalten. Nicht administrative Willkür hat sie in ihre Schranken verwiesen, sondern das Markt- und das Preisgesetz. Wenn mir Amateure ins Ohr flüstern, daß man die Preise keinesfalls ohne eine vorherige Demonopolisierung hätte freigeben dürfen, dann möchte ich sie im Gegenzug fragen, wie sie sich eine Demonopolisierung vorstellen, wenn es in der Wirtschaft kein marktwirtschaftliches Umfeld und keinerlei Gesetze, weder administrative noch ökonomische, gibt?

Ich erlaube mir, einen Artikel zu zitieren, in dem meine Überlegungen über den Anfang der Reformen ziemlich genau festgehalten sind: »Wir begannen die Reformen in einer sehr interessanten Situation, als man stundenlang hätte aufzählen können, was es bei uns alles nicht gab und weshalb man keine Reformen durchführen dürfe. Ich hätte selbst bestens erklären können, warum man dies 1992 nicht hätte tun dürfen. Es fehlten eine stabile Unterstützung im Parlament sowie handlungsfähige Machtinstitutionen ... – sie waren durch die Machtkrise zu Beginn der neunziger Jahre erschüttert. Wir hatten sechzehn Zentralbanken an Stelle einer einzigen und keinerlei Traditionen privaten Unternehmertums, keinen starken Privatsektor wie in Polen. Es gab keine Kopeke an Devisen, keinen Goldvorrat, keine Möglichkeit, freie Ressourcen auf dem internationalen Finanzmarkt heranzuziehen. Darüber hinaus aber hatten wir keine Möglichkeit zu warten, ohne etwas zu tun, und dann zu erklären, warum man nichts tun dürfe.«

Die Freigabe der Preise wurde zu einem wichtigen Schritt von der Herrschaft bürokratischer Freiheit zur Herrschaft von Markterfordernissen. Das Eigentum der Nomenklatura verlor allmählich das Feigenblatt der »Pseudostaatlichkeit«. Direktoren und andere Funktionäre fuhren fort, mit dem Gewinn nach eigenem Gutdünken zu verfahren, ohne administrative Verantwortung zu tragen. Indes kamen jetzt allmählich Marktgesetze zur Wirkung, mit denen sie rechnen mußten. Es gab kein geregeltes Konkursverfahren für Unternehmen. Auch heute noch wird mehr verkündet als verwirklicht. Aber den Arbeitern sollte immerhin ihr Gehalt ausgezahlt werden. Die Direktoren sahen sich nun mit dem Problem der Geldbeschaffung konfrontiert.

Nicht die Stellung auf der hierarchischen Stufenleiter, sondern das Geld wurde tatsächlich das allgemeine Äquivalent der wirtschaftlichen Verhältnisse. Ein normales Finanzwesen begann, sich bei uns zu etablieren und das bisherige System des Gelddruckens und -verteilens nach einem »Verteilerschlüssel« zu verdrängen.

Die offene Privatisierung war der historische Wendepunkt, die friedliche, zivilisierte Alternative zur Revolution. Deshalb werde ich auf die »Geschichte mit der Privatisierung« ausführlicher eingehen.

Von Anfang an war klar, daß zu den wichtigsten Faktoren, die bei der Ausarbeitung eines Privatisierungsprogamms für die russische Wirtschaft in Betracht zu ziehen sind, folgende Punkte gehören:

1. Aufgaben von präzedenzloser Dimension, die Notwendigkeit, in äußerst gedrängten Zeiträumen nennenswerte Fortschritte zu erreichen, um die Liberalisierungs- und Stabilisierungsmaßnahmen durch eine der Marktwirtschaft adäquate Eigentumsstruktur zu untermauern.
2. Die Schwäche des inländischen legalen Privatsektors. Er war erst in den letzten Jahren der Perestrojka entstanden, eine historische Legitimation des hier angesparten Kapitals fehlte, das gesellschaftliche Bewußtsein brachte es in engen Zusammenhang mit der früheren Schattenwirtschaft.
3. Die begrenzte Rolle ausländischen Kapitals. Bei den Dimensionen der russischen Wirtschaft und dem hohen sozialpolitischen Risiko war es offenkundig unrealistisch, auf die Heranziehung ausländischer Investoren in der russischen Privatisierung zu bauen.
4. Das Fehlen von Ansprüchen ehemaliger Eigentümer. Die lange historische Dauer des Sozialismus in Rußland hatte die für Osteuropa traditionellen Probleme der Rückgabe von Eigentum beseitigt.

In dieser Situation standen grundsätzliche Entscheidungen im wesentlichen noch aus. Das waren im einzelnen:

– Der Verzicht auf ein individuelles Herangehen an die Privatisierung der Unternehmen und auf Versuche, sie vor einer Veränderung der Eigentumsstrukturen zu reorganisieren. Maximales Gewicht war auf die Verwendung weltweit üblicher Verfahren und Rechtsgrundsätze zu legen, um den Prozeß nicht zu sehr in Abhängigkeit von individuellen Entscheidungen des Verwaltungsapparates geraten zu lassen.
– Es waren Privatisierungskoalitionen zu schaffen, die es gestatteten, einen Prozeß der Massenprivatisierung von unten einzuleiten. Die Interessen derjenigen sozialen

Gruppen und politischen Kräfte waren einzubinden, die imstande wären, diesen Prozeß zu lähmen, wenn sie darin nicht ihren Platz fänden (Belegschaften, Unternehmensleiter, die regionalen Machtorgane usw.).
– Verzicht auf Versuche, in großem Ausmaß Privatisierung und Rekapitalisierung von Unternehmen zu kombinieren, die sofortige Bildung einer effektiven Eigentumsstruktur.
– Parallel die Rechte aller russischen Bürger auf privatisiertes Eigentum zu festigen und zusätzlichen Bedarf daran zu schaffen.

Bereits im Dezember 1991 wurden in der Regierung grundlegende, auf diesen Thesen basierende Grundsätze des Privatisierungsprogramms diskutiert, durch einen Erlaß des Präsidenten bestätigt und im Obersten Sowjet eingereicht. Eine mächtige föderale Struktur begann sich zu bilden, die zur Bewältigung schwieriger organisatorischer und rechtlicher Aufgaben imstande war. Ich halte es für einen unbezweifelbaren Erfolg, daß Anatolij Tschubais, wohl der talentierteste Organisator und Verwalter in unserer Mannschaft, von Anfang an diese gewaltige Arbeit leitete. Ein breiter Kreis von Spezialisten, sowohl russischer als auch ausländischer, wurde zur Ausarbeitung Dutzender notwendiger normativer Dokumente herangezogen. Im Februar begann man, die Auktionsmechanismen bei der Privatisierung des Handels und des Dienstleistungsbereichs zu testen. Ab März griff der Prozeß der kleinen Privatisierung in den russischen Regionen zunächst langsam, gegen Mühen und Widerstand, dann aber immer schneller um sich. Versuche von Vertretern des staatlichen Handels, das Volk unter der Losung von »der Wahrung der heiligen Rechte der Arbeitskollektive« zum Protest gegen die Auktion zu bewegen, fanden kein nennenswertes Echo. Die

Menschen waren mit diesen »Rechten« aus den Zeiten des chronischen Mangels nur allzu gut vertraut.

Wir gingen davon aus, daß es in der Praxis kaum gelingen würde, wirtschaftlich optimale Lösungen zu erreichen. Auf lange Sicht könnte das wirtschaftlich optimal werden, was heute allenfalls als sozial annehmbar und stabil gilt. Darin liegt der Kern des Privatisierungsprogramms, das die Regierung im Frühling 1992 mit größten Schwierigkeiten durch den Obersten Sowjet brachte, was sie den Rest des politischen Kredits kostete, der dem Reformkurs ursprünglich zuteil geworden war.

Es wurden Varianten der Privatisierung vorgeschlagen, die die Möglichkeit der Realisierung von Ansprüchen der Belegschaften sicherstellten (durch Verkauf eines Teils der Aktien zu Vorzugsbedingungen nach ihrem Restwert). Begünstigt wurden ferner die Direktoren (durch Optionen auf leitende Posten in den Unternehmen), die lokalen Machtorgane (die Einnahmen aus der Privatisierung flossen in erster Linie in die regionalen Haushalte) und – durch die kostenlose Scheckprivatisierung – einfache Bürger, die nicht in Chosrastschot-Sektoren[108] beschäftigt waren. Es war ein bei weitem nicht idealer, aber funktionierender Kompromiß, der eine breite, geregelte Verteilung des Eigentums ermöglichte und den Weg zum Marktmechanismus seiner effektiven Umverteilung öffnete.

Im Laufe der Diskussion im Obersten Sowjet gelang es dann doch noch einer Gruppe, die Waagschale auf ihre Seite zu senken. Es wurde eine neue Variante der Privatisierung eingeführt, die den Belegschaften die Möglichkeit gab, für den Restwert 51 Prozent der Unternehmensaktien aufzukaufen. Das war ein empfindlicher Schlag gegen die Interessen der Bürger. Der Oberste Sowjet brachte es fertig, die Privatisierungsschecks schon zu entwerten, bevor sie überhaupt ausgegeben waren. Aber noch wichtiger war etwas anderes: Nach der Privatisierung nahmen die Unternehmen den Charakter von »Industriekolchosen« an. Die vom Obersten Sowjet festgelegten Grenzen für die Neubewertung des Vermögens, das von den Belegschaften für den Restwert aufzukaufen war, senkten die potentiellen Einnahmen aus der Privatisierung beträchtlich.

Die Regierung stand vor der Wahl, entweder hartnäckig über die Reinheit der Absicht zu wachen und damit den Prozeß der Verteilung der Eigentumsrechte zu bremsen oder aber sich mit diesen Korrekturen abzufinden, wohl wissend, daß die entstehende Eigentumsstruktur bei weitem nicht optimal sein würde. Ein Zeitverlust hätte einen unzulässigen Luxus bedeutet. Die Entscheidung, einen Privatisierungsmechanismus in Gang zu setzen, der zwar unvollkommen war, aber immerhin den Beginn eines Fortschritts in dieser Richtung ermöglichte, bestimmte in vieler Hinsicht die weitere Entwicklung der Wirtschaftsreformen in Rußland.

Ursprünglich sah die Gesetzgebung über die Privatisierung nicht vor, ein bares Zahlungsmittel wie den Privatisierungsscheck einzuführen. Es war geplant, ein System von personengebundenen Privatisierungskonten zu eröffnen, mit denen diese Operationen durchgeführt werden sollten.

Von Anfang an war klar, daß der Versuch, diese Variante durchzuführen, unlösbare technische Probleme heraufbeschworen hätte. Ein zweites, der Sparkassenorganisation analoges Netz wäre erforderlich geworden. Dessen Erweiterung hätte erheblicher Investitionen bedurft, was wiederum einen kolossalen Aufwand an Zeit und Geld gekostet hätte. Diesen Weg zu gehen, hätte den tatsächlichen Beginn einer Reorganisation des Eigentums um mindestens ein Jahr verzögert. Die Alternative, vor der wir standen, war äußerst einfach: Entweder wir machen uns an diese technische Arbeit und verpassen den kurzen historischen Augenblick, in dem man den Prozeß der Eigentumsverteilung real durchführen könnte, oder wir umgehen diese Schwierigkeiten und leiten einen raschen Fortschritt ein.

Die fehlende Liquidität der Privatisierungsinstrumente wurde vielen Privatisierungsprogrammen in Osteuropa und den Republiken der ehemaligen UdSSR zum Verhängnis. Sobald die Menschen begriffen hatten, daß man ihnen etwas gab, was niemand kaufen oder verkaufen würde, wurde ihnen rasch klar, daß all dies Schall und Rauch war. Daher war es von grundsätzlicher Bedeutung, den Privatisierungsscheck liquide und frei verkäuflich zu machen. Gerade dies machte den Voucher zu einem lebendigen Instrument.

Die Frage, welchen Nominalwert der Voucher haben sollte, war eigentlich gegenstandslos. Sie war nur von sozialpsychologischer Bedeutung. Dieses Dokument war Teil des Anrechts auf privatisiertes Eigentum, und seine reale Bewertung hing nicht von seiner Aufschrift ab. Sie wurde vielmehr durch den Umfang des privatisierten Vermögens bestimmt, vom Grad finanzieller Stabilität und von den Vergünstigungen, die die Belegschaften erhielten. Schließlich haben wir der Einfachheit halber den Nominalwert auf 10 000 Rubel festgesetzt.

Wir verstanden sehr wohl, daß sich nicht 148 Millionen Personen sofort nach Erhalt eines Vouchers eine neue Denkweise zulegen und zu Eigentümern werden würden. Zugleich gestattete es dieses Instrument jedoch, den Mechanismus der Eigentumsverteilung in Rußland zu verändern. Die Psychologie des Eigentümers wird sich in unserem Land erst im Laufe mehrerer Jahrzehnte bilden, sie wird nicht auf Bestellung und durch die Entscheidung zur Ausgabe von Privatisierungsschecks erzeugt. Diese Entscheidung läßt jedoch einen Eigentumsmarkt entstehen. Eben hierin liegt der grundlegende soziale Sinn der Privatisierung.

Die heimliche, reine Nomenklatura-Privatisierung war seither gebrochen. Freilich war der Eigentumsmarkt kein gleichberechtigter und offener, »mit einer Handbewegung« waren nicht alle etablierten Vermögens- und Machtverhältnisse wegzuwischen. Aber dies war auch gar nicht nötig, wie es auch unmöglich und überflüssig war, bereits entstandene Vorstellungen über die Legitimität von Eigentumsrechten zu zertrümmern. Die Privatisierung schafft eben einen sanften, gleitenden Mechanismus des Eigentümerwechsels, zumindest die Voraussetzungen für einen solchen Wechsel.

Im Ergebnis der ersten Privatisierungsetappe können die entstandenen »Industriekolchosen« allemal von den alten Direktoren geleitet werden, die wie ehedem die faktischen Besitzer der Unternehmen sind. Ob es sich um einen »Nomenklatura-« oder einen »freien« Eigentumsmarkt handelt, hängt in keiner Weise von den sozialen Funktionen derer ab, die den stärksten Eigentümergruppen angehören. Jeglicher »Rassismus« in dieser Beziehung, die Einteilung in »schlechte« und »gute« Eigentümer je nach ihrer Nationalität, Herkunft, vorigen Arbeit usw. ist widerwärtig und sinnlos. Ein »Nomenklatura-Markt« mißt sich nicht daran, daß in ihm ehemalige Mitglieder der Nomenklatura das Sagen haben, ebensowenig wie eine Privatisierung, bei der die Ex-Nomenklatura die Eigentumsrechte erhält, dadurch zu einer »Nomenklatura-Privatisierung« wird. Es geht hier nicht um Personalien, sondern um das System, nicht um die Akteure, sondern um die Rollen und Spielregeln im Wirtschaftstheater.

Welcher Art sind die Regeln des Marktes? Sind sie offen, schriftlich festgelegt, ökonomisch, marktgerecht und dem

Gesetz freier Konkurrenz unterworfen? Oder sind sie wie früher geheim, vom Telephonrecht[109] bestimmt, administrativ, hängen sie von den Machtverhältnissen ab und orientieren sich an der Staatsbürokratie? Hier liegen die Kriterien für die Unterscheidung eines »Nomenklatura«-Marktes vom »freien« Markt, einer »Nomenklatura«-Privatisierung von einer »marktwirtschaftlichen«. Wenn Mitglieder der Nomenklatura sich in das System des freien Marktes integrieren und sich dessen Regeln unterwerfen, dann wird dieses System dadurch nicht zu einem der Nomenklatura. Genausowenig wird ein Markt ein »demokratischer«, wenn ehemalige Dissidenten die Machtpositionen im bürokratischen Markt einnehmen und nach dessen Regeln agieren.

Die Privatisierung hat die rechtlichen Eigentumsverhältnisse geändert, sie hat eben jenes System des bürokratischen Nomenklatura-»Machtmarkts« ausgehöhlt. Es fand eine Privatisierung der Nomenklatura selbst statt. Sie wird jetzt den Marktgesetzen folgen müssen; die gegenseitige bürokratische Solidarität ist, wenn nicht zerfallen, so doch gebrochen. Natürlich ist das System, das sich inzwischen gebildet hat, ein Übergangssystem. Abgeschlossen ist lediglich die erste Etappe der Privatisierung. Wenn jedoch in der zweiten Etappe die bereits angenommene Konkursgesetzgebung tatsächlich zur Wirkung kommt und ein zweiter, ein Wertpapiermarkt entsteht, wenn ein umfangreicher Verkauf von Aktienpaketen in Staatseigentum einsetzt und ein stetiger Prozeß rein marktwirtschaftlicher Umverteilung von Eigentum in Gang kommt, dann werden diese Veränderungen unumkehrbar. Das Land wird vom »Nomenklatura-Kapitalismus«, vom gemischten Markt mit starken Elementen eines bürokratischen Marktes, von der pseudostaatlichen Form des Privateigentums zum freien Markt, zum Privateigentum übergehen. Die wichtigste und notwendigste Etappe auf diesem Weg war die Privatisierung von 1992 bis 1994.

Bekanntlich hat es eine echte Schocktherapie 1992 bei uns nicht gegeben, von den folgenden Jahren ganz zu schweigen. Die Bekämpfung der Inflation verlief ungleichmäßig, in Schüben, inkonsequent und deshalb besonders quälend. Nichtsdestoweniger waren die wirtschaftlichen Ergebnisse dieser Jahre (1992 bis 1994) ingesamt besser als zu erwarten war. Um zu verstehen, worin sich der »Nomenklatura«-Kapitalismus von einem »halbdemokratischen« unterscheidet, genügt es, zwei Zeitabschnitte von jeweils drei Jahren zu vergleichen, die Jahre von 1989 bis 1991 und die von 1992 bis 1994.

In der ersten Periode kam es bei vergleichsweise geringem Produktionsabfall und gemäßigter offener Inflation zu einem stetigen und hoffnungslosen Niedergang der Wirtschaft und zu einem ununterbrochenen Absinken des Lebensstandards der großen Bevölkerungsmehrheit. Gleichzeitig bereicherte sich die Nomenklatura durch die Plünderung des Staatseigentums in geradezu phantastischem Ausmaß. Eben daher rührte die ständig wachsende sozialpolitische Spannung.

In der zweiten Periode wurde der Produktionsabfall augenfällig, ebenso wie Inflation und Preisanstieg. Die wirtschaftlichen Wunden wurden offengelegt, aber von diesem Augenblick an setzte auch die Behandlung ein statt bloßer »Augenwischerei«. Freilich fiel der Lebensstandard eines bedeutenden Teils der Bevölkerung weiter, aber die Situation änderte sich bereits. Immer breitere Bevölkerungskreise wurden nach und nach vom »halbfreien« Markt angezogen; die Menschen, besonders junge und aktive, bekamen Hoffnung, man sah Licht am Ende des Tunnels. Die soziale Lage wandelte sich: Kommerzieller Tätigkeit konnten jetzt nicht nur Zehn- oder Hunderttausende »Auserwählter« nachgehen, sondern Millionen, ja Dutzende von Millionen. Eben hier liegt der Keim nicht einer Klasse von Millionären, sondern einer echten Mittelklasse. Deshalb war auch die sozialpolitische Spannung dieser drei Jahre bedeutend geringer als in der vorangegangenen Periode, ungeachtet aller möglichen Provokationen. Das ist es, was der »unversöhnlichen Opposition«[110] den Boden entzieht: nicht die Schlagstöcke der OMON[111], sondern die »unsichtbare Hand« des Marktes, wenn es auch noch ein sehr eingeschränkter und entstellter ist. Die rein räuberische, parasitäre, sich selbst verzehrende Wirtschaft des Staatskapitalismus (Sozialismus) beginnt, sich umzugestalten.

Analysiert man die wirtschaftliche Dynamik der letzten Jahre in Rußland, in den anderen aus den Unionsrepubliken entstandenen unabhängigen Staaten und in den osteuropäischen Ländern, so erhält man paradoxe, auf den ersten Blick nur schwer erklärbare Resultate. Die Produktion ging überall stark zurück. Gleichzeitig füllte sich der Konsummarkt auf, der zu Beginn der Reformen vollkommen zerstört war. Wie aus statistischen Erhebungen hervorgeht, steigen der Verbrauch vieler Waren sowie die entsprechende Versorgung in den privaten Haushalten. Dies erkennt man auch ohne statistische Angaben daran, wie die Leute gekleidet sind, an der zunehmenden Zahl von Personenwagen, keineswegs nur des »Mercedes« (z. B. stieg in Moskau von 1992 bis 1994 die Zahl der Autos um mehr als das Doppelte), und daran, daß früher unzugängliche Waren zu Gegenständen des Massenkonsums wurden. Das Alltagsleben der Menschen hat gleichsam die Dynamik der Produktion hinter sich gelassen.

In Weißrußland, das eine Politik des langsamen, »regulierten« Übergangs zum Markt verfolgte, sank die Produktion weniger stark als in den anderen Ländern, dafür betrug das Durchschnittsgehalt im Sommer 1994 nur 20 Dollar im Monat. In Estland und Lettland, die eine klassische »Schocktherapie« durchgeführt hatten, war der Produktionsrückgang größer, und das Durchschnittsgehalt betrug jeweils 110 bis 125 Dollar.

In der Zeit von Januar 1992 bis August 1994 ging nach offiziellen statistischen Angaben in Rußland die Produktion stark zurück. Vor diesem Hintergrund stiegen der Umsatz im Einzelhandel, die realen Einkünfte der Bevölkerung und dann auch die Ersparnisse langsam an, die Handelsbilanz war positiv, der Devisenbestand nahm zu. In normalen Marktwirtschaften kann es so etwas einfach nicht geben. Natürlich ist nicht damit zu rechnen, daß dieser Zustand lange anhält. Aber es ist in jedem Falle lehrreich, die Ursachen der paradoxen Situation von 1992 bis 1994 zu erhellen.

Ein extremer, äußerst abstoßender Zug der sozialistischen Wirtschaft ist gerade das, was in gewissem Maße ihren Reformierungsprozeß erleichtert hat. Wenn der Lebensstandard eines ägyptischen Bauern der Antike auch in gewissem Maße mit den Erfolgen der Regierung beim Pyramidenbau zusammenhing, so war diese Abhängigkeit doch eine gegenseitige. Der Sozialismus betrieb eine vom Standpunkt des gesellschaftlichen Wohlstands aus sinnlose Wirtschaftstätigkeit in einem solchen Ausmaß, von dem antike orientalische Despotien nicht einmal hätten träumen können. Er hob den Bau von Industrie»pyramiden« auf das Niveau der Technologien des 20. Jahrhunderts.

Die Rüstungsproduktion war der technische, wirtschaftliche und soziale Angelpunkt der sozialistischen Industrie. Der zivile Sektor war auf die Funktion eines Nebenbetriebs des militär-industriellen Komplexes reduziert. Eben der Rüstungssektor war der größte Abnehmer hochwertigen Stahls, von Buntmetallen, chemischen Produkten und elektronischen Anlagen. Gegen Ende der achtziger Jahre stach die Absurdität all dieser Vorgänge bereits allenthalben ins Auge. Das Land stürzte sich in Schulden, die Regierung verschwendete Gold und Devisen, der Konsummarkt brach vor aller Augen zusammen, und die Nahrungsmittelversorgung geriet in zunehmende Abhängigkeit von Lebensmittelimporten und Krediten, die die kommunistischen Regierungen demütig vom Westen erbaten. Der militärindustrielle Komplex fuhr indes fort, sich auf den Krieg gegen die gesamte Welt vorzubereiten.

Ein starker Rückgang der Rüstungsproduktion ließ es zu, diesen Teufelskreis zu durchbrechen und die Voraussetzungen für eine ökonomische Gesundung zu schaffen. Allerdings setzte dieser Rückgang auch den Mechanismus einer Industriekrise der hypermilitarisierten Wirtschaft in Gang, da er zu dem schmerzhaften Prozeß einer strukturellen Umgestaltung der für die Rüstung arbeitenden Produktionszweige zwang.

Der hypertrophe militärische Sektor ist das krasseste, aber bei weitem nicht das einzige Beispiel für eine großangelegte, vom Standpunkt des Gemeinwohls aus sinnlose Wirtschaftstätigkeit. Die UdSSR stand in der Agrarproduktion immer deutlich hinter den Vereinigten Staaten zurück. Die schwere Landwirtschaftskrise, bedingt durch die verhängnisvolle Unfähigkeit der Kolchosen und Sowchosen zu einer effektiven Agrarproduktion, versuchte man zu kompensieren, indem man diesem Bereich einen ständig wachsenden Strom von Ressourcen zuführte. Insgesamt hatten wir im Jahre 1985, das man als den »Höhepunkt« des stabilen Sozialismus ansehen kann, die USA bei der Herstellung von Düngemitteln um das Anderthalbfache übertroffen, bei Traktoren um das Fünffache, bei Mähdreschern um das Sechzehnfache. Die Abhängigkeit vom amerikanischen Getreideimport wuchs jedoch weiter an. Es ist nicht schwer, die Qualität der hergestellten Traktoren und Mähdrescher sowie die Effektivität ihres Einsatzes zu bewerten und zu verstehen, daß sie in solchen Mengen grundsätzlich für Geld nicht zu verkaufen sind. Die Produktion der Metallurgen, Bergleute, Chemiker, Energiewirtschaftler und Transportarbeiter verwandelte sich in ganze Berge aus buntem Schrott.

Ein weithin bekanntes Beispiel einer großangelegten und wenig produktiven Aktion, die an die gigantischen Projekte orientalischer Despotien erinnert, sind die Meliorationsanlagen des späten Sozialismus. Von 1970 bis 1985 verdoppelte sich die Fläche des bewässerten Landes, und 1985 wurden für Meliorationsprojekte doppelt so viele Mittel aufgewendet wie für die Produktion industrieller Konsumgüter. Niemand konnte am Ende ein positives Ergebnis dieser zyklopischen Aktivität vorweisen, das sich in einer zunehmenden Effektivität der Agrarproduktion ausgedrückt hätte. Mit der Hinwendung zum Markt gingen die Meliorationsarbeiten zwangsläufig stark zurück, und in der Folge sank die Nachfrage nach Zement, Stahlbeton, Bau- und Eisenbahntechnik, nach Metallen für deren Produktion und nach Brennstoff.

Die postsozialistische Wirtschaft befreit sich nur mit Mühe von der gewaltigen Last sinnloser Wirtschaftstätigkeit und stellt sich vom Kopf auf die Füße. Der Fortschritt in dieser Beziehung ist eine absolut notwendige Voraussetzung für die wirtschaftliche Stabilisierung und die Beendigung der Inflation.

Dabei ist die Sättigung des Marktes mit Waren an sich kein Selbstzweck. Wenn der Mangel nach dem Prinzip »Snickers[112] statt Erdöl« beseitigt wird, dann ist dies ein innerlich destruktives, hohles, perspektivloses System einer sich im Grunde selbst aufzehrenden Ökonomie, die, ohne nachzudenken, von den natürlichen Ressourcen zehrt wie seinerzeit die »Pyramidenwirtschaft« im Sozialismus. Es ist eine instabile Ökonomie, die auf einem finanziellen und sozialen Vulkan lebt. Wann dieser Vulkan wieder aktiv wird, läßt sich nicht voraussagen. In diesem Sinne hat das Geschrei unserer Gegner über eine »Kolonialwirtschaft«, die Zerstörung der Hochtechnologien usw., natürlich eine gewisse Berechtigung. Aber wie immer, wenn sie ein Problem konstatieren, das offen gesagt schwer zu übersehen ist, machen sie falsche Lösungsvorschläge.

Im Prinzip ist das Problem klar: Es bedarf einer schrittweisen Wiederherstellung einer umstrukturierten Produktion. Nur dies schafft eine zuverlässige Grundlage für Wohlstand, nur dies hat strategische Priorität für Rußland. Hier liegt seine historische Chance, ein Land der Ersten Welt zu sein. Bis zu diesem Punkt herrscht allgemeine Übereinstimmung. Der Streit beginnt beim nächsten Schritt: Wie ist der Wohlstand zu erreichen?

In diesem Buch ist es nicht möglich, auf ökonomische Einzelheiten einzugehen. Für die Beantwortung der oben gestellten Frage reicht es aus, folgendes im Auge zu haben.

Im Prinzip gibt es zwei verschiedene Finanzierungsquellen der Wirtschaft: staatliche und private Ersparnisse. Es ist klar, daß unter den gegenwärtigen Bedingungen die eine wie die andere genutzt wird, die Frage ist nur, in welchen Proportionen.

Ein Primat staatlicher Finanzierung im heutigen Rußland ist aus drei Gründen aussichtslos: Eine solche Finanzierung übersteigt in absehbarer Perspektive die Kräfte des Landes; sie ist ökonomisch ineffektiv und zementiert die verzerrte sozialökonomische Struktur.

Die Quellen staatlicher Finanzierung sind im wesentlichen die Steuern sowie die Einnahmen des Staates aus der

Geldemission. Indessen gehört es zu den wenigen Tatsachen, die in Rußland von allen anerkannt werden, von den Kommunisten bis zu den »Liberalen«, daß die steuerliche Belastung unter keinen Umständen weiter erhöht werden kann. Alle Versuche in dieser Richtung führen lediglich zu ein und demselben Ergebnis: zur Steuerhinterziehung, zum Ausweichen der Wirtschaftstätigkeit in den Schattenbereich, zum Rückgang der realen Finanzeinnahmen für den Haushalt. Die Lehren unserer Nachbarn, der Ukraine und Weißrußlands, die diesen Weg zu gehen versuchten, stehen uns allzunah und anschaulich vor Augen. Der finanzielle Druck infolge der vom Sozialismus ererbten Altlasten ist groß: vom Unterhalt des sozialen Bereichs stillgelegter Unternehmen bis zur Beseitigung der Folgen der Katastrophe von Tschernobyl. Eine perspektivische finanzielle Analyse macht deutlich, daß Hoffnungen auf eine großangelegte Finanzierung der Produktion durch den Staat mit Hilfe von Steuereinnahmen jeglicher Grundlage entbehren.

Der Staat geht nicht gerade gut mit dem Geld um. Nach dem oben Gesagten bedarf das keiner langen Erläuterung: Über die Mittel verfügt die Bürokratie, die sich nicht allzusehr um das – auf lange oder kurze Sicht – wirtschaftliche Ergebnis für das Land kümmert und wesentlich mehr an ihre »Provisionen« denkt.

Eine derartige staatliche Finanzierung erzeugt und konserviert die parasitäre Struktur einer »pseudostaatlichen« Ökonomie. Bürokratische Kredite zirkulieren auf dem bürokratischen Markt für die Erhaltung der Bürokratie. Finanzielle Zuwendungen in gewaltigem Ausmaß werden ineffektiven Industrie-Giganten gewährt, den militär-industriellen »Latifundien«. Solche Kredite gleichen nicht einem Regen, der sich auf eine austrocknende Pflanze ergießt, sondern einem Sturm in der Wüste, einem Inflationssturm in einer ökonomischen Wüste, wo eben jene Industriepyramiden stehen. Indessen zeigt die weltweite Erfahrung, daß gerade mittlere und kleine Firmen mit einem genau bestimmten individuellen Besitzer (oder zwei bis drei gemeinsamen Besitzern) die effektivsten sind, sowohl wirtschaftlich als auch im Hinblick auf den technischen Fortschritt. Millionen solcher Firmen müssen die lebendige Substanz einer wachsenden russischen Wirtschaft schaffen.

Folglich hängen die Möglichkeiten für ein Wirtschaftswachstum in Rußland jetzt direkt und unmittelbar vom Ausmaß der Privatinvestitionen ab.

Die Geschichte der ursprünglichen Akkumulation in unserem Lande ist noch nicht geschrieben, der Prozeß dauert noch an. Wie überall in der Welt begann die Akkumulation mit Export-Import-Operationen, mit Finanzspekulationen, Operationen mit Immobilien, Handel.

Das Kapital, auch das aus dem Goldschaum von Inflation und Finanzspekulationen hervorgegangene, kann nicht über lange Zeit friedlich im Safe liegen. Es ist natürlich, daß das Anlagegebiet für das russische Kapital trotz allem nicht die Schweiz, sondern Rußland ist. Das Kapital ist beständig auf der Suche, es sucht ein Anlagegebiet, eine Möglichkeit, sich zu vermehren.

Damit das schon geschaffene und sich von neuem bildende Vermögen in Rußland arbeiten und zum Wachstumsferment seiner Wirtschaft werden kann, müssen zwei sehr wichtige Stabilitätsbedingungen erfüllt sein: eine stabile Währung und verläßliche Garantien für die Unantastbarkeit des Privateigentums, unabhängig von der Machtposition oder dem kriminellen Machtpotential des Besitzers. Es bedarf einer Trennung von Eigentum und Macht und, was noch schwieriger ist, von Macht, Bürokratie und Eigentum.

Feste gesetzliche Garantien des Privateigentums, staatliche Aktivitäten, die die Wirksamkeit dieser Garantien sicherstellen, die Unterstützung mächtiger, gutorganisierter politischer Strukturen, die bereit sind, das Privateigentum zuverlässig vor drohender Enteignung zu schützen – all dies ist heute keine Frage ideologischer Reflexion, sondern eine harte Forderung des Lebens. Es ist die notwendige Voraussetzung wirtschaftlichen Wachstums in Rußland. Werden solche Garantien geschaffen, dann wird Rußland mit seinen unbegrenzten Möglichkeiten effektiver Kapitalinvestition den Weg eines dynamischen Wirtschaftswachstums beschreiten. Wenn das juristische Prinzip der Unantastbarkeit des Privateigentums einige Jahre lang beachtet wird, dann wird es allmählich zur Gewohnheit, wird verinnerlicht und verwandelt sich aus einem juristischen Prinzip in ein sozialpsychologisches.

Die Probleme des Fehlens effektiver Eigentumsgarantien lassen sich besonders gut in den von der Wirtschaftskrise vorwiegend betroffenen russischen Regionen des sogenannten »roten Gürtels[113]« beobachten. Schwerwiegende Strukturprobleme senken dort den Lebensstandard und stärken die Positionen der Kommunisten, schaffen günstige Voraussetzungen für die Entstehung eines bürokratischen Marktes und schrecken Privatinvestoren ab. Im Ergebnis entsteht ein Teufelskreis: Depression – fehlende Eigentumsgarantien – Fehlen privater Kapitalinvestitionen – Depression. Der Kern der Frage liegt darin, ob wir Rußland aus diesem Teufelskreis herausziehen können.

Die zweite Bedingung ist die Beendigung der verzehrenden Inflation, eine stabile Währung. Nur diese macht langfristige Investitionen sinnvoll, darunter auch solche in die Produktion.

In Wirklichkeit ist es nicht schwierig, den Zusammenhang zwischen diesen beiden Problemen in der politischen und sozialen Strategie zu sehen. Wird in der Wirtschaft das Hauptgewicht auf den Staat gelegt, dann bedeutet dies: staatliche Investitionen, als Folge der Suche nach Geldquellen, Inflation (verhängnisvoll für Privatgeschäft und Staatswirtschaft, nicht aber für die Bürokratie), rechtliche Instabilität des »konkurrierenden« privaten Sektors. Wenn man also die Sache vom soziologischen Standpunkt aus betrachtet und die Frage stellt: »Wem nützt es?«, dann liegt die Antwort auf der Hand. Die Wirtschaft wird sich weiterhin im bürokratischen Teufelskreis drehen. Die Gelder fließen auf bürokratischen Kanälen den Produktionsgiganten zu (vor allem dem militär-industriellen Komplex als ewigem Garanten der Vorherrschaft des Staatseigentums), der sie leitenden Nomenklatura und den mit ihr verbundenen Finanzbaronen. Da es herrenloses Geld nicht gibt, besteht die Finanzierungsquelle *de facto* in Mitteln, die dem Besteuerungssystem entnommen wurden, einschließlich der durch die Inflation bewirkten »Steuer« auf die Ersparnisse der Bevölkerung sowie der kleinen und mittleren Betriebe. Die Mittel werden von der entstehenden Mittelklasse einem ausgewählten Teil der höheren Klasse zugeleitet. Dies bedeutet eine Verarmung der Mittelklasse zugunsten einer hypertrophen Bereicherung eines Teiles der herrschenden Elite.

Wirtschaftliche Stagnation und sozialpolitische Erschütterungen sind das Resultat, der sichere Weg in die »Dritte Welt«. Das Ergebnis ist in Wirklichkeit auch für die bürokratische Elite vernichtend, die, sofern sie herrscht und sich bereichert, doch auch in diesem Lande lebt. Aber wer von denen, die den augenblicklichen persönlichen »taktischen Vorteil« suchen, wird sich aus Furcht vor einer allgemeinen strategischen Niederlage davon abhalten lassen?

Wenn die Bedingungen der Stabilität des Privateigentums (darunter auch des finanziellen) zumindest in einem minimal notwendigen Ausmaß erfüllt werden, dann wird das Kapital nach dem Gesetz kommunizierender Röhren dorthin streben, wo es am effektivsten angelegt werden kann. Man muß kein professioneller Ökonom sein, um zu verstehen, daß Rußland mit seinem Potential an Ressourcen und Produktion reich an solchen Anlagemöglichkeiten ist. Das gilt sowohl für die Mittel, die heute in Finanzoperationen im Lande selbst zirkulieren, als auch für die Milliarden »russischer« Dollars, die auf westlichen Banken liegen, oder für seriöses westliches Kapital, das ebenfalls neue Anlagemöglichkeiten sucht.

Der wirtschaftliche Aufschwung (wie übrigens auch die Krise) gleicht einer Kettenreaktion. Wenn eine »kritische Masse« an Kapital investiert wurde, wenn eine umfangreiche Erneuerung des Anlagekapitals erfolgt und der Wohlstand zu wachsen beginnt, dann wird immer rascher neues Kapital angezogen, welches der »Wachstumszone« in beschleunigtem Tempo zufließt. Das ist bereits das Gesetz des Marktes, auch des Weltkapitalmarkts, das Gesetz der Anziehungskraft des Kapitals.

Echter wirtschaftlicher Aufschwung wiederum bedeutet die Änderung der sozialen Struktur unserer Gesellschaft, die langerwartete Herausbildung einer Mittelklasse, jener Millionen von Eigentümern kleiner Privatfirmen, die allein einen echten Markt, eine dynamische Produktion und wirtschaftliches Wachstum in Rußland hervorbringen können.

Ich bin sicher, daß die Gesellschaft derzeit eben von diesen Hoffnungen lebt. Die naive Euphorie des Beginns der Perestrojka, der Glaube, daß nach der Befreiung von den Kommunisten ein kapitalistisches Konsumparadies von selbst entstehen werde, ist verflogen. Die Menschen sind erwachsen geworden. Sie sind bereit, um eines normalen Lebens willen nicht zu demonstrieren und zu revoltieren, sondern zu arbeiten. Wie oft sich auch die Menschen in soziologischen Umfragen düster und bedrückt äußern mögen, ich bin dennoch überzeugt, daß sie doch, wenngleich nur unbewußt, eine baldige Verbesserung erwarten. Diese Erwartungen sind sogar vorherrschend und halten die Gesellschaft zusammen.

Aber diese Hoffnungen können nicht endlos vorhalten. Wenn in nächster Zeit kein Aufschwung der Produktion, und damit auch des Lebensstandards, einsetzt, wenn das Land statt dessen in eine weitere lange Stagnationsperiode zurückfällt, dann kann die Gesellschaft, die vergebens ihren »zweiten Vorrat an Optimismus« verausgabt hat (der erste endete irgendwann 1991) und sich erneut betrogen fühlt, in einem sie selbst vernichtenden Aufruhr zerbersten. Oder aber sie wird, was viel wahrscheinlicher ist, in dumpfe Apathie verfallen. In jedem Falle verheißt dies den politischen Abenteurern Erfolg, und ihr Durchbruch zur Macht ist bereits das Unterpfand für eine nationale Katastrophe.

Gegenwärtig herrscht im Lande keine Apathie. Ich spreche nicht von der politischen Apathie, sondern von einer weit wichtigeren, der sozialen Apathie. Die Menschen zeigen, im Gegenteil, eine erhöhte sozialökonomische und Arbeitsaktivität. Eine der wesentlichen Errungenschaften der letzten Jahre liegt darin, daß es mit der verschlafenen Benommenheit bei der Arbeit vorbei ist, die für die Breshnew-Zeit und die ihr vorausgegangenen Abschnitte charakteristisch war. Freilich richtet sich der Hauptteil der Arbeitsaktivität auf den Bereich des Handels und der Dienstleistungen, die in der sozialistischen Gesellschaft traditionell vernachlässigt waren. In jedem Fall liegt in der gestiegenen Arbeitsaktivität der Bevölkerung von heute eine der Ursachen für die Abschwächung der sozialökonomischen und politischen Krise.

Wenn die Gesellschaft diese Aktivität und Hoffnung verliert, dann wird das Land tatsächlich im Sumpf der »Dritten Welt« versinken. Dann wird sich das mit solcher Mühe angesparte soziale »Baumaterial« in Brennmaterial verwandeln. Ja, die russische Zivilisation ist viel standfester, als manche Politologen meinen, die ihren Lebensunterhalt mit Weltuntergangsprophezeiungen für ein einzelnes Land verdienen. Aber auch dieser Standfestigkeit sind Grenzen gesetzt. Und jetzt bedeutet die Wahl zwischen dem bürokratischen Markt (Stagnation) und dem freien Markt (Entwicklung von Gesellschaft und Wirtschaft) zugleich auch die Wahl für Rußland: ob es seine hohe Zivilisation bewahren oder auf den Stand der »Dritten Welt« herabsinken wird.[114]

6. Kapitel
Die Wahl

Wir wissen, was nun die Waage wägt
Und was heute geschieht.
Die Stunde der Tapferkeit ist's, die uns schlägt.
Sie läßt uns nicht, wir nicht sie.
Anna Achmatowa[115]

Heute herrscht allgemeine Übereinstimmung darüber, daß unser Land jetzt vor genau dieser Wahl steht. Am lautesten zetern hierüber vielleicht unsere Gegner und empfinden dabei einen gewissen sadomasochistischen Genuß. Die ganze Frage besteht nur darin, welche Strategie unser Land zu wählen hat, um sich schließlich nicht doch in der »Dritten Welt«, in einer Zone notorischer, permanenter Armut wiederzufinden. Was ist zu tun, um endlich das »russische Wirtschaftswunder« zu beenden, das Wunder nämlich, daß ein an natürlichen Ressourcen und Arbeitskräften so überreiches Land dennoch so bettelarm ist? Welche Strategie ist anzuwenden, damit sich das Land wie ein normales Land der »Ersten Welt« entwickelt?

Dies ist das ewige russische Problem. »Wir sind hinter den fortgeschrittenen Ländern um fünfzig bis hundert Jahre zurückgeblieben. Wir müssen diese Distanz in zehn Jahren durchlaufen. Entweder wir bringen das zustande, oder wir werden zermalmt.«

Und das ewige Rezept für die Lösung des Problems lautet dann so: »Erforderlich ist das Bestehen einer Staatsmacht, die den Wunsch und die Kraft hat, diese ungeheuren Naturschätze zum Wohle des Volkes auszunutzen. ... Erforderlich ist eine Partei, genügend geschlossen und einheitlich, um die Anstrengungen ... auf einen Punkt zu richten, ... um nicht vor Schwierigkeiten die Segel zu streichen und systematisch eine richtige ... Politik durchzuführen.«[116]

Stalin äußerte dies 1931, und ebenso hätte sich vor 250 Jahren Peter I. ausdrücken können. Unsere etatistischen Patrioten sagen heute, mit einigen terminologischen Korrekturen, genau das gleiche.

Besteht denn die einzige Lehre der Geschichte wirklich darin, daß niemand eine Lehre aus ihr zieht?

Die tragische Erfahrung der »großen Sprünge« der russischen Geschichte, die unausweichlich einen sich jedesmal mit mathematischer Genauigkeit und Zwangsläufigkeit vollziehenden katastrophalen Zusammenbruch nach sich zogen, mit darauffolgendem Niedergang und erneutem Zurückbleiben »hinter den fortgeschrittenen Ländern um fünfzig bis hundert Jahre« – sollte dies für niemanden eine Lehre sein?

Schon die Idee, durch eine immense Muskelanspannung des Staates eine sich eigenständig entwickelnde Gesellschaft »ein- und überholen« zu wollen, ist absurd. Wie sollte man sich von der »Dritten Welt« lösen und die Länder der europäischen Zivilisation einholen können, wenn man im eigenen Land die Strukturen des orientalischen Staatstypus verstärkt und die »orientalische Produktionsweise« kultiviert!

Nicht in technischer Hinsicht und nicht als Wirtschaftsmacht sind wir hinter den fortgeschrittenen Ländern zurückgeblieben, sondern vor allem im Hinblick auf die sozialökonomische Struktur. Diese Kluft, diesen Abstand müssen wir unbedingt überwinden und zu einem Land werden, dessen Wirtschaft nicht den Gesetzen einer Mobilmachung folgt, sondern sich an den Anforderungen und Maßstäben sich ständig ergänzender Innovationen orientiert. Die Überwindung dieser Kluft erfordert politischen Willen, den Willen zur Weiterentwicklung des Landes durch eine grundsätzliche Änderung der Funktionen des Staates.

Ich werde hier nicht im einzelnen wiederholen, was schon oft gesagt wurde, über den »besonderen Weg« und die nicht überwundene eurasische, west-östliche (okzidentalisch-orientalische) Dichotomie, die unser politisches und staatliches Bewußtsein spaltet. Alle diese nur scheinbar abstrakten Salon-Gesprächsthemen werden zu einer durchaus konkreten Realität von politischen Entscheidungen und Prioritäten.

Welches ist das Ziel russischer Politik, abgesehen natürlich vom Wohl des Volkes, womit sogar Stalin seine Handlungen zu begründen pflegte? Die Wiederherstellung der militärischen Übermacht? Oder der Verzicht auf imperiale Ambitionen und die Befreiung der Gesellschaft zugunsten einer freien wirtschaftlichen und soziokulturellen Entwicklung? Beides zu verbinden ist jedoch sowohl technisch (die Ressourcen reichen dafür nicht aus) als auch grundsätzlich nicht möglich, weil es sich hier um ganz verschiedene Entwicklungsrichtungen des Landes handelt, um unterschiedliche Strukturen von Staat und Gesellschaft, um divergierende Ideale und Ideologien. Als die Bolschewiki um der »freien Arbeit sich frei versammelnder Menschen« willen auf den Gedanken kamen, den Staat übermäßig zu stärken, erhielten sie als Ergebnis die freie Arbeit im GULag.

Die imperialen Ideale sind wahrhaft imposant:

Am unbewegten Felsenrand
Ragt starr, mit ausgestreckter Hand,
Aus dem empörten Elemente
Auf erznem Rosse der Gigant.

Wie schrecklich ragt er aus der Nacht!
In diesem Blicke – welche Macht!
Auf dieser Stirn – welch ein Gedanken!
In diesem Rosse – welche Glut!
Wo sprengt es hin in wildem Mut,
Wo sinkt sein Huf, daß Welten wanken?[117]

Mit genau dieser Art gestanzter Sätze haben die »Staatsapologeten« immer auf Fragen nach ihren Endzielen geantwortet –, mit heiligen, keiner kritischen und rationalen Diskussion mehr unterliegenden marmornen und bronzenen imperialen Zielsymbolen.

Wie gesagt, erwies sich diese zur Staatsreligion gewordene Ideologie gegen alle sozialen Erschütterungen als überaus resistent. Die frappierendste Metamorphose war natürlich die bolschewistische. Die in der Menschheitsgeschichte radikalste Revolution erschütterte den »Ehernen Reiter« der russischen Geschichte nicht im mindesten. Die imperialen hyperstaatlichen Ideale gingen aus dem Feuer der Revolution lediglich in umgestalteter und noch gestärkter Form hervor.

1920 brachte der Monarchist Wassilij Schulgin diesen Charakter der sozialistischen Revolution sehr genau zum Ausdruck. Er verallgemeinerte die Erfahrung der Revolution und des Bürgerkriegs und schrieb dazu: »Resumée. Gegen meinen Willen, gegen deinen Willen –

1. stellen die Bolschewiki die militärische Macht Rußlands wieder her;
2. stellen sie das Territorium des Russischen Reiches in seinen natürlichen Grenzen wieder her;
3. bereiten sie die Ankunft des allrussischen Autokraten vor.«[118]

Diese Worte sind auch heute von größter Aktualität. Die immer zahlreicher werdenden Staatsapologeten (und welcher gegenwärtige Politiker wird sich nicht als solchen bezeichnen?) erklären heute feierlich die beiden ersten von dem Schriftsteller angeführten Ziele zu ihren Prioritäten (inzwischen nennt sich das »Stärkung« oder »Bewahrung« der militär-industriellen Macht und »Wiedererrichtung« der Union der Sowjetrepubliken in der einen oder anderen Form). Und wenn alle Kräfte des Staates sich auf die Lösung dieser beiden Aufgaben konzentrierten, dann würde die dritte damit von selbst gelöst, wie Schulgin wiederum richtig bemerkt.

Wird es noch eine weitere Metamorphose geben? Wird die demokratische Evolution ebenso enden wie seinerzeit die sozialistische Revolution? Ist die russische Geschichte wirklich darauf programmiert, zu immer dem gleichen Ergebnis zu führen? Muß wirklich jede ihrer Bewegungen, ganz gleich von welchem Ausgangspunkt, nach allen erdenklichen Wendungen immer wieder an ein und demselbem Ort und stets in der gleichen Gestalt enden – zu Füßen eines Throns, in der politisch-ökonomischen Diktatur eines »orientalischen« Staates? Sind denn alle Versuche der Liberalen, der Demokraten, diese Haupttendenz der Geschichte zu überwinden, zum Scheitern verurteilt?

Natürlich bin ich tief davon überzeugt, daß das nicht so ist, andernfalls hätte es gar keinen Zweck, sich mit Politik zu befassen und zu versuchen, den »ewigen Pol« des erstarrten Staatskolosses aufzutauen, in dem der lebendige Körper des Landes eingefroren ist. Zugleich muß man jedoch ganz nüchtern auch die Gefahr einer solchen Entwicklung im Auge haben. Das wichtigste aber ist, zu erkennen, daß es heute tatsächlich von unseren Anstrengungen abhängt, wie die Ereignisse in Wirklichkeit verlaufen werden.

Zweifellos sind heute allenthalben Symptome einer neuen Eiszeit vorhanden. Viele von denen, die in den Jahren von 1989 bis 1991 aus Konformismus der bürgerlichen Gesellschaft und den demokratischen Idealen die Treue schworen, tun dies heute nicht weniger eifrig gegenüber dem »starken Staat« und sind inzwischen leidenschaftliche Staatsapologeten. Gestern noch verknüpften sie den »Staat« unbedingt mit dem Begriff des Rechts und sprachen vom Staat nur in dieser Verbindung, heute wetteifern sie bereits, wer von ihnen das Wort »Staat« am klangvollsten ausspricht.

Für sich allein genommen ist dies nicht weiter schlimm, aber es ist symptomatisch. Die etatistische Religion nistet sich erneut in Gestalt eines spiritualistischen »Staatsfetischismus« in unserem Lande ein. Obgleich wir die durchaus ernstzunehmende demokratische Haltung des Präsidenten kennen, können wir dennoch nicht die unmerkliche, »molekulare« Umgestaltung der Macht übersehen, das heißt im Grunde genommen ihre Rückkehr in ihre »normalen«, historisch eingefahrenen Bahnen.

Die Frage ist um so komplizierter, als hier ja auch ein nicht uneigennütziges »Wortspiel«, eine Unterschiebung von Begriffen enthalten ist. Kann es denn überhaupt einen verantwortungsbewußten Politiker geben, der sich gegen den Aufbau eines starken, effektiv handelnden Staates wendet? Und zweifelt denn heute irgend jemand daran, daß unser Staat äußerst ineffektiv ist, daß er gestärkt werden muß?

Beides ist für uns unbestreitbar. Wir sind für die Stärkung der Effizienz des Staates. In diesem Sinne stützen auch wir den Staat. Und eben deshalb sind wir kategorische Gegner jener »Staatsapologeten«, von denen oben die Rede war. In dieser Frage gilt es, sich deutlich zu erklären und die Möglichkeit falscher Interpretationen auszuschließen.

Die ganze Frage betrifft die Ziele und Prioritäten des Staates, das, was eigentlich unter der Bezeichnung »Staat« zu verstehen ist.

Wenn die Modernisierung des Landes, die Freilegung des sozialökonomischen Raumes für die Entwicklung einer modernen Gesellschaft Priorität haben, dann sind die Kompetenzen des Staates hinreichend klar und eingegrenzt. Der Staat muß, nach der Überwindung etatistischer Traditionen, die Unantastbarkeit des Privateigentums sicherstellen und eine Trennung von Eigentum und Macht herbeiführen. Er muß aufhören, Haupteigentümer und entscheidendes Subjekt der wirtschaftlichen Verhältnisse im Lande zu sein. Er muß die Inflation aktiv bekämpfen, private, darunter auch ausländische Investitionen stimulieren und eine aktive, gegen Monopole gerichtete Politik betreiben. Weitere Aufgabengebiete des Staates sind Ökologie, Bildung, Gesundheitsfürsorge, Entwicklung der Wissenschaft, Kultur, Sozialfürsorge.

Die wichtigste Verpflichtung des Staates heute ist die Bekämpfung der Straßenkriminalität, die die Bürger in Angst und Schrecken versetzt hat, und der Mafia, die in vieler Hinsicht die wirtschaftlichen Prozesse im Lande bestimmt und die unsichtbare Hand des Marktes ausschaltet.

Zudem muß der Staat seine eigene »Erpressung« (racket) in Grenzen halten, das heißt seine Begehrlichkeiten im Hinblick auf die Besteuerung. Das ist durchaus realisierbar, vorausgesetzt, daß der Staat in der Wirtschaft nicht zum Hauptinvestor wird.

Schließlich bedarf es einer vernünftigen Militärpolitik, der Konversion des Hauptanteils des Staatseigentums, des militär-industriellen Komplexes, und der Verringerung der Streitkräfte auf eine Größe, die den tatsächlichen Bedürfnissen des Landes – und nicht denen der Generale – gerecht wird.

Das ist ein durchaus staatsbewußter Ansatz, ein effektiver und nicht kostspieliger Staat, der den Möglichkeiten des Landes entspricht und der notwendig ist, um eine dynamische Entwicklung der Gesellschaft an der Schwelle des 21. Jahrhunderts zu gewährleisten.

Ein solches Vorgehen setzt eine entsprechende Ideologie voraus: die Säkularisierung des Staates, den Verzicht auf den »Staatsfetischismus« als eine eigene Art von Religion, ein rein rationales, »westliches« Verhältnis zum Staat.

Legt man dagegen den Schwerpunkt auf die »Wiederherstellung der militärischen Stärke«, die »Bewahrung des Images einer Supermacht um jeden Preis«, die »Wiederherstellung der natürlichen Grenzen«, die »Erweiterung des Territoriums bis an die Grenzen der UdSSR« – dann ist das eine grundsätzlich andere Einstellung. Es ist offensichtlich, daß man diese nicht rational begründen kann. Man kann kaum ernsthaft erklären, daß wir, das Land, das Volk, ohne »Lebensraum« zu ersticken drohen oder daß es uns ausgerechnet an militärischer Stärke fehle.

Hier wird mithin a priori ein irrationales, spiritualistisches Verhältnis zu einem sakralen Staat vorausgesetzt, die Restauration der Rechte des »Staatsfetischismus« als einer besonderen Staatsreligion. All dies ist unmöglich ohne eine offiziell deklarierte Fremdenfeindlichkeit, ohne die aktive Herausbildung eines »Feindbildes« – eines äußeren sowie eines inneren. Ferner erfordert diese politische Richtung ganz offenkundig die radikale Beschneidung der politischen, ökonomischen und bürgerlichen Rechte der Gesellschaft (was die Ideologie durchaus rechtfertigt) sowie die Steigerung von Macht und Einnahmen des Staates, die erneute Mobilisierung der Ressourcen der Gesellschaft zum Zwecke der Lösung imperialer Probleme.

Ich bin sicher, daß ein solcher Kurs geradewegs in die nationale Katastrophe führt, in den Zusammenbruch des erschöpften Landes mitsamt dem sich darüber erhebenden Staat. Was von 1920 bis 1930 gelang, läßt sich am Vorabend des 21. Jahrhunderts nicht wiederholen. Die Erweiterung der Territorien hieße, den Raum gegen die Zeit zu tauschen: Um den Preis eines Rückschritts in der Zeit und der Rückkehr zu archaischen (fast feudal-autokratischen) Regierungsformen sollen die physischen Grenzen des Reiches erweitert werden. Dies ist der sichere Weg zum Untergang des Landes.

Das gleiche gilt für den eigentlich wirtschaftlichen Bereich. Die Verwirklichung derartiger imperialer Projekte bedeutet eine gewaltige Stärkung des militär-industriellen Komplexes (um welchen Preis, mit welchen Mitteln?) sowie des gesamten staatlichen Verwaltungssektors der Wirtschaft, dessen Kern ja gerade der militär-industrielle Komplex ist. Es liegt auf der Hand, daß vom Standpunkt wirtschaftlicher Effektivität aus auch dies eine Sackgasse, ein Weg in den Abgrund ist. Sollten jene Staatsapologeten, die in der Praxis zu den ärgsten Feinden des Staates und des Landes geworden sind, dies wirklich nicht erkennen?

Um diese Frage zu beantworten, müssen wir von den hochgesteckten Zielen, von der den Staat glorifizierenden marmornen Poesie und stählernen Romantik, von den großen Worten und Schwüren absehen und uns der staatstreuen Prosa und dem Realismus zuwenden. Das heißt, wir müssen die Taten unserer neuesten Staatsapologeten in Augenschein nehmen. Und hier erwarten uns interessante Entdeckungen.

Ziemlich schnell verwandelt sich der »bronzene, fliegende Reiter« in einen monumentalen Stadthauptmann, und die Losung »Der Staat geht über alles« wird zum Gedanken »Der Staat – das bin ich«.

Heute ist nicht die Zeit der staatlichen Ideale, sondern

der Interessen gekommen, allerdings nicht der Interessen des Staates, sondern der unersättlichen Staatsfetischisten. Da haben wir den Staat als Privateigentum der Bürokratie. Wie ich zu zeigen versucht habe, hat diese von Marx geprägte Formel immer und überall die Situation sehr treffend beschrieben. Aber heute in unserem Lande, zur Zeit der ursprünglichen Akkumulation, nachdem es mit großer Mühe gelungen ist, die Nomenklatura-Privatisierung zugunsten einer demokratischen Marktprivatisierung ein wenig einzudämmen, heute sind die Ideale unserer Staatsfetischisten schon recht durchsichtig. Nicht der Sozialismus ist es, was sie umtreibt, ebensowenig das Imperium oder die militärische Stärke. Das sind leere Worte. In Wirklichkeit sind sie auf die Beständigkeit einer so prosaischen Sache wie des bürokratischen Marktes und die Erhaltung einer pseudostaatlichen Wirtschaft angewiesen, in der das *de facto* in ihrem Privatbesitz befindliche Kapital wie vermeintlich staatliches für sie arbeitet.

Natürlich hat niemand die Absicht, auf das, was er im Zuge der Nomenklatura-Privatisierung an sich gerissen hat, zu verzichten. Das System des monopolistischen Staatsbesitzes ist zerstört, und es liegt keineswegs im Interesse der Bürokratie, es wieder zu erneuern. Deren Vertreter wollen nicht von neuem das nationalisieren, was endlich das »Ihre« geworden ist, nicht wieder das in einen allgemeinen Topf werfen, was sie endlich erfolgreich in ihre eigenen Taschen gesteckt haben.

Allerdings gibt es auch noch kein hinreichend entwickeltes, auf Privateigentum basierendes System, und die gegenwärtige russische Bürokratie ist überhaupt nicht daran interessiert, die Herausbildung eines solchen vollwertigen, vom Staate losgelösten Systems zu fördern. Zwischen diesen Klippen von Scylla und Charybdis zieht man, ständig in Gefahr zu stranden, unter Bannerflattern und gewaltigem Orchesterdonner den Panzerkreuzer des neuesten russischen Staatswesens. Ziel der Bürokratie ist es, das derzeitige zur Hälfte »umgestülpte« System der Eigentumsverhältnisse in Rußland zu erhalten und zu konservieren. Die Unbestimmtheit dieser Verhältnisse erlaubt es der Nomenklatura, für das »niemandem gehörende« Eigentum zwar nicht verantwortlich zu sein, jedoch darüber zu verfügen und die Einnahmen daraus zu verwenden, als wäre es ihr persönliches Privateigentum. Dies ist echter parasitärer Imperialismus für die oberste bürokratische Schicht. Zum Schutz, zum Ausbau und zur Festschreibung dieses Zustands benötigt sie einen starken Staat, einen Staat, wie ihn die ewige russische Formel beschreibt: »Der Staat gedeiht, das Volk darbt«.

Die Logik eines solchen politischen Verhaltens ist äußerst einfach. Von 1989 bis 1991 wandte sich die gleiche bürokratische Oligarchie gegen eine Stärkung des Staates, ihre Vertreter waren beinahe schon Demokraten. Warum? Weil es damals erforderlich war, die Bandagen zu lockern, um die Möglichkeit zu haben, in Ruhe ihre Macht zu »privatisieren« und dieser das Eigentum hinzuzufügen. Heute, nachdem dieser Prozeß abgeschlossen ist, da es darum geht, das Errungene zu behaupten, bedarf es wieder eines starken Staates, steht die Hyperstaatlichkeit wieder hoch im Kurs.

Diese Interessen bestimmen auch die realen Ideale des neuesten Etatismus. Von nun an wird die Musik von Bürokraten eines besonderen Schlages, äußerst zynischen und raubgierigen, bezahlt und bestellt. Es geht hier nicht um persönliche Eigenheiten, sondern um die objektive soziale Situation.

Die Korruption ist eine alte, man kann sagen, ewige Geißel Rußlands. Bereits Gogol hat geschrieben: »Die schmachvolle Bestechlichkeit ist schon zu einer Notwendigkeit und einem Bedürfnis selbst bei solchen Leuten geworden, die nicht als Ehrlose geboren sind … Es handelt sich darum, daß wir jetzt unser Land retten müssen; daß unser Land nicht an der Invasion von zwanzig feindlichen Völkern zugrunde geht, sondern an uns selbst; daß neben der rechtmäßigen Regierung eine andere Regierung entstanden ist, die viel mächtiger ist als jede rechtmäßige Regierung. Es sind bestimmte Satzungen aufgestellt worden, für alles hat man Preise festgesetzt, und diese Preise sind sogar allen bekannt.« Gogol erklärt deutlich, weshalb der administrative, bürokratische Weg des Kampfes gegen die Korruption wenig effektiv ist: »Kein Regent, und wäre er auch weiser als alle Gesetzgeber und Regenten, kann das Übel ausrotten, und wenn er auch die Willkür der schlechten Beamten dadurch zu beschränken suchte, daß er sie von anderen Beamten überwachen ließe.«[119]

Aber Gogol hat die Gefahr übertrieben. Wenn das Land auch dahinsiechte, so ist es doch nicht untergegangen. Ungeachtet der Korruption hat sich Rußland entwickelt. Indes ist die Situation jetzt eine qualitativ andere als zu Zeiten Gogols: Die Korruption ist mittlerweile mit der Mafia verwoben, die es damals natürlich nicht gegeben hat. Die Verbindung von Mafia und Korruption beim Entstehen des Kapitalismus kann eine solch gefährliche Mischung ergeben, wie sie in der russischen Geschichte wohl noch nicht dagewesen ist. Das wäre in der Tat etwas vollkommen Apokalyptisches: ein allmächtiger mafiöser Staat, ein echter Krake. Vergessen wir nicht, daß ein Beamter in Rußland in größerer Gefahr ist, kriminell zu werden, als ein Geschäftsmann. Letzterer kann sich auf ehrliche Weise bereichern, sofern man ihn nicht daran hindert. Ein Beamter kann dies nur auf unehrliche Weise tun. So trägt der bürokratische Apparat ein viel größeres Potential an Mafiosität in sich als die Geschäftswelt. Und das Gerüst des bürokratischen Systems (auch seiner Strafmaßnahmen) kann leicht zum Gerüst eines Mafiasystems werden; es kommt hier nur auf die Ziele seiner Tätigkeit an.

Es ist offensichtlich, welche Art von Staat man errichten kann, wenn man sich in der Realität (und nicht nur verbal, versteht sich) von einem solchen Ideal leiten läßt – nämlich einen korrupten, kriminellen, halbkolonialen Staat. Die Gesellschaft wird zur Kolonie des Staates, und der furchtbare Staat selbst wird bei einem derartigen Regime zur Kolonie der Mafia, der einheimischen wie der internationalen, die mit Leichtigkeit in alle Poren des Apparates eindringt. Rußland erweist sich als Kolonie, als Rohstoff-Anhängsel der fortschrittlichen demokratischen Länder, die nach dem Prinzip einer offenen Gesellschaft errichtet wurden. Es wird zur Kolonie von einzelnen Unternehmen dieser Länder.

Das ist ganz natürlich, weil ein »starker« Staat im für uns gewohnten Sinn, dessen Stärke nämlich auf einer großen und mächtigen Bürokratie beruht, folgendes bedeutet:

– Es gibt keine allgemeine Gleichheit im Hinblick auf die Eigentumsrechte und ihren Schutz. Vielmehr ist es gerade umgekehrt: Das Eigentum ist abhängig von der Position seines Besitzers auf der hierarchischen Stufenleiter. Das heißt, daß es für einen ehrlichen, energischen Menschen keine Hoffnung gibt, auf einem Markt mit gleichen Möglichkeiten für alle, vorwärts zu kommen. In der Wirtschaft herrscht mithin das Monopol, und der Markt wird zu einem Markt der Bestechungsgelder. Das ist die gegenwärtige Form des traditionellen bürokratischen Marktes.
– Für die Unterstützung »ausgewählter« Zweige, in Wirklichkeit also »ihrer« (der Bürokratie) Bankdirektoren und Unternehmensleiter, für den Unterhalt des hypertrophen Apparates (darunter des ständig wachsenden militärisch-

repressiven) gibt es nur eine Möglichkeit, und zwar die des Gelddruckens, der Inflation.

– Die ineffektive Struktur der »Pyramidenwirtschaft«, der nicht konkurrenzfähigen monopolistischen Giganten, wird beibehalten.

– Im Land wird die hypertrophe Besteuerung festgeschrieben, wie sie für einen solchen Staat erforderlich ist. Diese überhöhten Steuern, dazu noch die »bürokratische Erpressung« (Bestechung) machen die Existenz mittlerer und kleiner Unternehmen unmöglich und berauben damit die Wirtschaft ihres dynamischsten Teils, des wichtigsten »Inkubators« der Mittelklasse.

– Die Wirtschaft wird nicht allen zu gleichen Bedingungen offenstehen, sondern sie wird *de facto* »befreundeten Firmen« untergeordnet sein.

Ich denke, daß viele der gegenwärtigen Bürokraten zynisch genug sind und sehr wohl begreifen, welche Art von »starkem Staat« sie ganz bewußt zu errichten trachten. Es gibt keine Hoffnung auf ein baldiges Wiedererstehen eines Militärimperiums, es besteht auch gar kein wirklicher Wunsch danach. Tatsächlich sind die imperialen Ideale im Bewußtsein der »Reichsapologeten« nicht weniger entwertet als im Bewußtsein der Demokraten. Der Unterschied besteht nur darin, daß bei den Demokraten an die Stelle dieser Ideale andere, allgemeine politische Ideen getreten sind, wohingegen die Mehrheit der russischen Imperialisten ganz einfach keine allgemeinen politischen Ideen hat. Der Doppeladler[120] dient als Deckmantel, hinter dem sich das »Goldene Kalb«, das eigentliche Ideal dieser imperialen Dealer verbirgt. Hier wird nicht einmal mehr der Staat gedeihen, sondern allein die Pseudoetatisten, die Hohenpriester des Staates, die es sich im Namen und auf Kosten des Staates gut gehen lassen.

Heute haben die Staatsapologeten weder eine große Idee noch eine klare staatspolitische Strategie, auch nicht auf wirtschaftlichem Gebiet. Das Fehlen eines realen Zieles, der im Inneren fehlende Glaube an die eigenen pathetisch verkündeten Absichten wird sich grausam rächen. Wenn das Ziel allein darin besteht, den unbestimmten Status quo zu erhalten, das Land zu zwingen, auch weiterhin zwischen Staats- und Privateigentum zu schlingern, dann werden sich für die Verwirklichung eines solchen Zieles nur die grauen »Dekadenzler« des »Staatsfetischismus« eignen.

Zum Teil erinnert die heutige Lage, wenn sie auch besser ist, an die von Ende 1991. Damals strebte die herrschende Bürokratie, Staatsapologeten »von Amts wegen«, ebensowenig nach entscheidenden Fortschritten; die klammheimliche Nomenklatura-Pseudoprivatisierung stellte sie vollkommen zufrieden. Staatspolitischen Willen bekundeten damals bekanntlich nur die Radikaldemokraten (»staatsgefährdende Elemente« in der politischen Terminologie unserer Gegner).

So ist es auch jetzt. Die »offiziellen Staatsapologeten« sind mit einem Stillstand vollauf zufrieden. Ein effektives staatspolitisches Programm auf sozioökonomischem Gebiet können jedoch nur jene vorschlagen, die die strategischen Aufgaben des Staates erkennen, d.h. Liberale und Demokraten.

Sozialstaat oder freier Kapitalismus – das ist heute ein rein akademischer Streit! Weder von Hayek noch Lord Keynes haben ihre Theorien im Hinblick auf einen »asiatischen« Nomenklatura-Staat geschaffen, der sich unter mächtigem kriminellem Einfluß befindet. Wenn wir dieses System beseitigt und zumindest die Grundlagen einer westlichen Gesellschaft errichtet haben, dann erst werden auch jene Probleme aktuell.

Der Zusammenbruch des bürokratischen Imperiums

unter dem Einfluß der zersetzenden Korrosion durch die Besitzinteressen der bürokratischen Oligarchie, die Privatisierung der Macht – das ist das gesetzmäßige Finale eines jeden »orientalischen« Imperiums. Es bedeutet das Ende einer bestimmten Drehung, eines Zyklus seiner Entwicklung. Man muß alles daransetzen, damit der bolschewistische wirklich der letzte derartige Zyklus in der Geschichte des russischen Imperiums bleibt. Rußland hat heute die einzigartige Chance, seine soziale, wirtschaftliche, letzlich historische Orientierung zu ändern und zu einer Republik »westlichen« Typs zu werden.

In diesem Jahrhundert hat die russische Gesellschaft einen gewaltigen, tragischen Kreis durchlaufen, das »Rote Rad«[121]: Eine fast normale Marktwirtschaft (seit Beginn des Jahrhunderts bis 1914) – eine militarisierte staatskapitalistische Wirtschaft, mit Markt und überwiegendem Privateigentum (1914 bis 1917) – den Kriegskommunismus (1918 bis 1921) – eine staatsmonopolistische Wirtschaft (»Imperialismus« mit Elementen von Markt und Privateigentum (1921 bis 1929)) – eine totalitäre Wirtschaft, die Markt und Privateigentum eliminiert hatte (1929 bis 1953).

So vollendete sich der Aufstieg zum Höhepunkt des Kommunismus. Dann begann die zweite Hälfte des Jahrhunderts, der Abstieg von diesen schrecklichen Höhen. Der Weg war fast symmetrisch: die staatsmonopolistische Wirtschaft (Imperialismus) mit Elementen eines halbverborgenen Marktes und des Privateigentums »im Schatten« (1953 bis 1985) – eine staatskapitalistische Wirtschaft zunächst in »pseudostaatlicher« Form mit allmählichem Übergang zu offenem Privateigentum und der Legitimierung des bürokratischen Marktes (1985 bis 1991).

1992 begann der Übergang zum »normalen« Markt und legitimierten Privateigentum. Aber im Zentrum dieses Kreises stand immer der gewaltige Magnet des bürokratischen Staates. Gerade er bestimmte den Lauf der russischen Geschichte. Der Staat hat die jüngste Geschichte entsetzlich verunstaltet. Die Erfahrung hat gezeigt, daß ein solcher Staat sich selbst aufzehrt. Er zerstört die Gesellschaft, indem er sie massiv unterdrückt und dabei schließlich auch sich selbst vernichtet.

Wird es endlich gelingen, aus diesem ausweglosen Kreis auszubrechen? Die Entscheidung dieser Frage hängt davon ab, welche Gestalt der russische Staat annehmen wird.

Wir stehen an der Schwelle zum 21. Jahrhundert. Die westliche Gesellschaft ist von idealen Zuständen weit entfernt. Sie ist eigennützig und von ihren eigenen schwierigen Problemen absorbiert. Da gibt es das Nord-Süd-Gefälle, die Übervölkerung, die erstmals seit den Zeiten von Malthus zu einer bedrohlichen Realität wird, und die ökologische Krise. Einer der Nachteile des Kapitalismus ist das Tempo seines unaufhaltsamen Wachstums: Er kann nur stabil sein, wenn er sich stürmisch entwickelt, wenn stets neue Bedürfnisse der Menschen entstehen und befriedigt werden.

Die westliche Welt ist weder unser Feind, noch ist sie philanthropisch. Unsere eigenen Probleme müssen wir selbst lösen. Wenn wir sie nicht bewältigen, wird die Welt den Zusammenbruch der hohen russischen Zivilisation gelassen hinnehmen.

Indessen sind diese Probleme sehr vielfältig. Wir müssen heute die Anforderungen aus mehreren Jahrhunderten zugleich bewältigen. Das Problem der Bildung eines Rechtsstaats stammt noch aus dem 19. Jahrhundert; seit Beginn des 20. Jahrhunderts geht es um die Beseitigung der Überreste des sozialen und industriellen Feudalismus. Die radikale Demonopolisierung der Wirtschaft, der Kampf gegen den Faschismus und andere extreme Formen eines selbstzerstörerischen Nationalismus – das sind die Probleme des

20. und des anbrechenden 21. Jahrhunderts, von denen schon die Rede war.

Es gibt bei uns singuläre Probleme, die andere Länder offenbar nicht hatten, wie es auch kaum irgendwo einen derart mächtigen Totalitarismus gegeben hat. Hierzu gehört die Herausbildung einer Mittelklasse sowie die Einsicht in die Legitimität des Privateigentums, die in Gesellschaft und Staat verankert werden muß.

All diese Probleme stehen gleichzeitig zur Lösung an. Dies systematisch nacheinander zu tun, kann einfach nicht gelingen – die Welt wird nicht auf uns warten, die Geschichte wird keine Nachsicht mit uns haben. Diese Probleme bedingen sich gegenseitig. Es zeichnet sich eine vertikale Linie ab: von der Quelle der Investitionen (privat oder staatlich) bis zur allgemeinen sozialpolitischen Strategie und Ideologie.

Dabei ergeben sich folgende Alternativen:

– eine weitere bürokratische Privatisierung der Macht oder endlich die Durchbrechung des geschlossenen Kreises, das heißt Trennung von Macht und Eigentum;
– die Säkularisierung des Staates, Trennung des Staates von der Pseudoreligion, dem »Staatsfetischismus«, oder erneute Vergottung des Staates.

Das ist die globale historische Entscheidung Rußlands, unsere heutige politische Alternative.

Wenn das Land in einen weiteren Zyklus der Privatisierung der Macht eintritt, versperrt es sich hermetisch den Weg in die »Erste Welt«. Gelingt es hingegen, den sozialökonomischen Raum zu »entflechten« und eine liberaldemokratische Evolution des Staates zu vollziehen, dann hat Rußland alle Chancen, einen würdigen Platz in der Zivilisation des 21. Jahrhunderts einzunehmen.

Für die einen ist der staatspolitische Weg die Bewahrung der diversen bürokratischen Einrichtungen, ihrer Macht und ihres Reichtums; für die anderen bedeutet er dagegen die Erhaltung des Landes, des russischen Staates selbst. Um den Staat zu bewahren, sind wir verpflichtet, ihn radikal umzugestalten und unseren ganzen politischen Willen auf die Lösung dieser Aufgabe zu richten.

Es ist unerläßlich, aus dem lebendigen Körper des Landes den Stahlsplitter des alten Systems herauszuziehen. Dieses System hatte verschiedene Namen – Autokratie, Internationaler Kommunismus, Nationalbolschewismus, heute steht dafür die Bezeichnung »Dershawnost« (Reichsapologetik). Aber sein Wesen war immer ein und dasselbe – eigennützige, raubgierige Willkür der Bürokratie, von Demagogie verschleiert.

Ich habe schon gesagt, daß ich mich und meine Gesinnungsgenossen als Verteidiger des russischen Staates und als Patrioten verstehe, und zwar aus einem ganz einfachen Grunde. Ich sehe unsere Hauptaufgabe in der Lösung der strategischen Probleme des Staates, in der konsequenten Durchführung marktwirtschaftlicher Reformen bis zu deren Abschluß und in der Errichtung einer dauerhaften, dynamischen, florierenden Gesellschaft »westlichen« Typs in unserem Lande.

Wenn ich von der »westlichen« Gesellschaft spreche, geht es zum wenigsten um die unsinnige Idee einer Vereinheitlichung der Kulturen. Aber es gibt ein Prinzip, das ich als ein allgemeinmenschliches auffasse und das Rußland voll und ganz gerecht wird, wenngleich Thomas Jefferson es formuliert hat: »Folgende Wahrheiten halten wir für selbstverständlich: daß alle Menschen gleich geschaffen sind, daß sie von ihrem Schöpfer mit gewissen unveräußerlichen Rechten ausgestattet sind; daß dazu Leben, Freiheit und das Streben nach Glück gehören.«[122]

Anmerkungen

Einleitung

1 Gemeint sind die Ereignisse im Zusammenhang mit der Revolte vom Herbst 1993, die der Auflösung des Obersten Sowjets durch Boris Jelzin folgten.
2 Nina Andrejewa, stalinistische Parteifunktionärin, erregte im Jahre 1987 Aufsehen mit einem gegen die »Perestrojka« gerichteten Pamphlet.
3 Anspielung auf eine Szene aus »Meister und Margarita« von Michail Bulgakow. Woland überführt hier den Chef der Kantine des Betrugs an seinen Kunden.
4 Vom russischen Minister für Volksaufklärung Sergej Uwarow (1786-1855) formulierte Grundlagen, auf denen das russische Imperium angeblich beruht. Sie wurden zum geistigen Gemeingut der Reaktion.
5 Alexander Blok: Die Skythen.

1. Kapitel
Zwei Zivilisationen

6 Karl Marx/Friedrich Engels: Das Kapital. Alle Zitate nach Marx/Engels: Werke (MEW), Berlin (Ost) 1959ff.
7 Schang Yang (390-338 v. Chr.), chinesischer Denker, Premierminister, berühmtester Vertreter der »Legalisten« (Gaija), vertrat eine totalitaristische Weltschau (die totale Unterwerfung des Menschen unter den Willen des Herrschers).
8 Gemeint ist der gleichnamige Film des Autors und Filmregisseurs Stanislaw Goworuchin, der u.a. als Duma-Abgeordneter nationalistische Positionen vertritt.

9 L.S. Wassiljew: Istorija Wostoka (Die Geschichte des Orients). Moskau 1994.

10 Tsch'un-ts'ju: »Frühling- und Herbst-Annalen«, Konfuzius zugeschriebenes Annalenwerk, behandelt die Zeit von 722-481 v. Chr.; Fujiwara: japanisches Adelsgeschlecht, jahrhundertelang mächtigste Familie des Hofadels (vom 8./9. bis 12. Jh.).

11 Feudales Landgut im mittelalterlichen England. Es entstand im 11./12. Jahrhundert. (Anm. d. Autors)

12 Freemen, eig. »Freeholders«: Lehensfreie Grundeigentümer in England.

13 Fernand Braudel: Der Handel. Sozialgeschichte des 15.-18. Jahrhunderts. Bd. 2. München 1986.

14 Das Kommunistische Manifest (kursiv bei Marx).

15 Rastignac, Romanfigur aus Balzacs »Comédie humaine«, charakterisiert einen ehrgeizigen Emporkömmling.

16 Aus der ersten Strophe der »Internationale«. Übersetzung aus dem Russischen, das vom Original, ebenso wie die deutsche Nachdichtung, etwas abweicht.

17 Bürgerlicher Name Stalins; Schicklgruber: Hitler.

18 H.G. Wells: Russia in the Shadows. Zitiert nach der dt. Ausgabe: Nacht über Rußland. Skizzen aus dem bolschewistischen Rußland. Berlin 1922.

19 Anspielung auf den Roman von John Galsworthy: The Forsyte Saga.

20 Friedrich A. von Hayek: The Fatal Conceit. The Errors of Socialism. London 1988.

21 Im Original heißt es bei Eduard Bernstein: »Das, was man gemeinhin Endziel des Sozialismus nennt, ist mir nichts, die Bewegung alles.«

22 Anspielung auf die »Chicagoer Schule« der Monetaristen.

23 Ruslan Chasbulatow, 1991-1993 Vorsitzender des Obersten Sowjets Rußlands; Gegenspieler Boris Jelzins und der Reformer.

24 Ich betone noch einmal, daß »östlich« (»orientalisch«), »asiatisch« und »westlich«, »europäisch« hier nicht im geographischen oder ethnischen Sinne verwendet werden, sondern nur im politisch-ökonomischen Sinne. Japan kann man also als westlich betrachten, Kuba oder Haiti als »östlich«. (Anm. des Autors)

2. Kapitel
Der besondere Weg des Einholens der europäischen Zivilisation

25 Der Begriff des »Einholens« bezieht sich nicht auf die russische Kultur. Die große, eigenständige russische Literatur sowie Theater, Musik und Kunst haben auf Europa einen mächtigen und fruchtbaren Einfluß ausgeübt. Dies gilt vor allem für das Ende des 19. und das gesamte 20. Jahrhundert. Wahrscheinlich besteht eine der Stärken der russischen Kultur gerade in dem ihr innewohnenden west-östlichen Dualismus, in dem inneren Dialog. Der für die russische Kultur so charakteristische innere »Ost-West«-Gegensatz hat ihren Horizont erweitert und sie um neue Nuancen bereichert. Politik und Ökonomie, Formen des Staatsaufbaus und der Wirtschaftstätigkeit sind dagegen etwas ganz anderes. Hier befindet sich Rußland zweifellos seit Jahrhunderten im Rückstand und ist jetzt dabei, die »Zivilisation einzuholen«. (Anm. des Autors)

26 Alexander Blok: Die Skythen. In der Übersetzung von Heinz Czechowski.

27 Goldene Horde, mongolisch-tatarisches Reich, im 13. Jh. von Khan Bā tū begründet. Umfaßte u. a. Westsibirien, die mittlere Wolga, den Nordkaukasus, die Krim und die Steppen von der Wolga bis zur Donau. Rußland befand sich gegenüber der Horde als Vasall in Abhängigkeit (Tributpflicht). Im 14. Jh. begann die Horde zu zerfallen, im 15. Jh. ging ihr Restbestand in den selbständigen Khanaten Kasan, Astrachan und Krim auf, die teils unter russische, teils unter türkische Herrschaft fielen.

28 Jaroslaw der Weise, 1019 - 1054 Großfürst von Kiew, führte das Kiewer Reich zu einmaliger Blüte. Die damals entstandene Kodifizierung des russischen Rechts in der »Russkaja Prawda« (Russisches Recht) wird Jaroslaw zugeschrieben.

29 Am Georgstag (bzw. einige Tage davor und danach) durften die Bauern ihr Gut verlassen und zu einem anderen Grundherren wechseln. Der Erlaß des Zaren Boris Godunow von 1592 erklärte die folgenden Jahre zu sog. Verbotsjahren, in denen die o. g. Regelung außer Kraft gesetzt war.

30 Von dem Waräger Rjurik abstammendes erstes russisches Herrschergeschlecht, das mit Iwan IV. erlosch.

31 Suleiman II., gest. 1566, erweiterte das Osmanische Reich durch di-

verse Eroberungszüge (belagerte 1529 erfolglos Wien). Abbas I., 1586 bis 1628, Schah von Persien, berühmt für seine Eroberungsfeldzüge, gehörte zu den grausamsten, aber fähigsten Herrschern des Iran.

32 Alexander Solschenizyn u. a.: Stimmen aus dem Untergrund. Darmstadt 1975.

33 Die »Zeit der Wirren« (russ. Smuta) bezeichnet die Zeit gegen Ende der Herrschaft des Zaren Boris Godunow, insbesondere die nach dessen Tode, als Rußland zwischen diversen Thronprätendenten und zahlreichen ausländischen Interventionen nahezu zerrieben wurde. Die »Smuta« war auch eine Folge der Erschütterung des sozialen Gefüges unter Iwan IV. Sie endete mit der Wahl Michail Romanows zum Zaren (1613).

34 Nikolaj Berdjajew: Duscha Rossii (Die Seele Rußlands). Moskau 1992.

35 Rasnotschinzy, russ. Wortbildung aus »Leute verschiedenen Rangs und Stellung«, war eine im Rußland des 18./19. Jh. zwischen den überkommenen Gesellschaftsschichten angesiedelte Bevölkerungskategorie. Sie stammten durchweg von Geistlichen ab, von Kaufleuten, unteren Beamten und aus dem verarmten Adel. Herausgelöst aus ihrer einstigen sozialen Mitte und im Genuß akademischer Bildung, widmeten sie sich ausnahmslos geistiger Arbeit und übten seit ca. 1840 beträchtlichen Einfluß auf die Entwicklung der russischen Gesellschaft aus. Sie hatten insbesondere an der Kultur, an der marktwirtschaftlichen Entwicklung wie an der revolutionären Bewegung erheblichen Anteil.

36 Kursiv beim Autor.

37 Beide fielen Verschwörungen des Adels zum Opfer.

38 Nach dem alten (Julianischen) Kalender; nach westlicher (Gregorianischer) Datierung ist das der 20. Juli.

39 Sergej Graf Witte (1849-1915), von Hause aus Mathematiker und zunächst Eisenbahnarbeiter, war unter Alexander III. Transport-, später Familienminister. Er war der spiritus rector des Manifests vom 17. Oktober, das 1905 die Verfassung ermöglichte. 1906 war er für kurze Zeit Ministerpräsident, er scheiterte indes am Mißtrauen Nikolaus' II.

Pjotr Stolypin (1862-1811), zunächst Innenminister, ab 1906 russischer Ministerpräsident. Betrieb eine rücksichtslose Bekämpfung von Revolutionären und Terroristen, verfolgte aber zugleich eine maßvolle Reformpolitik. Seine Agrarreform (1910/11) schuf die Voraussetzungen für die Entstehung des Einzelbauerntums in

Rußland. Stolypin wurde von einem Doppelagenten der Revolutionäre und der Geheimpolizei ermordet.
Wjatscheslaw Plehwe (1846 - 1904) war als russischer Innenminister äußerst reaktionär. Er wurde Opfer eines Attentats der Sozialrevolutionäre.

40 Russ. Flächenmaß, entspricht 1,09 ha.

41 Iwan Wyschnegradskij (1831/32 - 1895), russischer Gelehrter, 1887 - 92 Finanzminister.

42 Nach Berechnungen von S. Prokopowitsch betrug die Zunahme des nationalen Pro-Kopf-Einkommens von 1894 - 1913 in Rußland 50 Prozent, in Deutschland 58, in Frankreich 52, in Italien 121 Prozent usw. (Anm. des Autors)

3. Kapitel
Drei Quellen und drei Bestandteile des Bolschewismus

43 Zitiert nach der dt. Ausgabe, Berlin und Weimar 1980.

44 Wladimir I. Lenin: Der Krieg und die russische Sozialdemokratie. Alle Zitate aus W. I. Lenin: Werke. Berlin (Ost) 1960.

45 Iskra (russ. »Der Funke«), erste 1900, zunächst im Exil, von W. I. Lenin begründete und herausgegebene marxistische Zeitung, an der berühmte Revolutionäre mitwirkten.

46 Jewgenij Schwarz: Der Drache. Zitiert nach der dt. Ausgabe, Köln 1962.

47 Michail Scholochow: Der stille Don. Zitiert nach der dt. Ausgabe, München 1960.

48 Anspielung auf den großen Einfluß, den der obskure bäuerliche »Wundertäter« Grigorij Rasputin auf die kaiserliche Familie hatte, insbesondere auf die Zarin (da er die Bluterkrankheit des kleinen Thronerben angeblich günstig zu beeinflussen vermochte).

49 Unter Anspielung auf den größten Bauernaufstand im 18. Jh. unter Führung des Donkosaken Jemeljan Pugatschow eine Metapher für »aufrührerisch«.

50 Kursiv beim Autor. Die Überschrift des Kapitels ist eine Anspielung auf den Artikel von Lenin: Drei Quellen und Bestandteile des Marxismus.

51 So ist es eigentlich lächerlich, die russische Revolution auf das »deutsche Gold« zurückzuführen, d. h. auf die Finanzierung durch

das deutsche Kaiserreich. Der Grund war viel ernster. Die Träume von einer Weltrevolution erscheinen keineswegs als reiner Irrsinn. War doch der Krieg ein Weltkrieg, und bewaffnete Menschen, die sich betrogen fühlten, die erbittert waren und »Gott abgeschafft« hatten, gab es in allen europäischen Ländern. Das war in der Praxis aus dem Marxschen »Stürmen des Himmels« geworden. Europa stand in der Tat auf einem schmalen Grat! Wenn Rußland für die Katastrophe des Krieges, für die Frustration einer ganzen Generation mit dem Bolschewismus bezahlen mußte, so andere Länder mit dem Faschismus, dem Nationalsozialismus. Indem sie der Verführung des Totalitarismus erlag, brachte die »verlorene Generation« die liberale Welt, die sie betrogen hatte, an den Rand des Verderbens. Nach den Worten Joachim Fests »kulminierte« hier »eine machtvolle Zeittendenz ..., in deren Zeichen die ganze erste Hälfte des Jahrhunderts stand.« Der Schrecken des Ersten Weltkriegs endete nicht am 11. November 1918 in Compiègne, er wurde dort lediglich unterbrochen. Bis auf den Grund erschöpft war die böse Energie des Krieges erst am 8. Mai 1945 in Berlin. (Anm. des Autors)

52 Die »Sonderkollegien« für Verteidigung, Transportwesen, Lebensmittelversorgung, Flüchtlingspolitik usw. entstanden im August 1915 zur Regelung des Wirtschaftslebens während des Ersten Weltkriegs. Der technische Apparat und das technische Personal wurden später von der Sowjetmacht fast geschlossen übernommen und in den Obersten Rat für Volkswirtschaft (VSNCh, 1917-1934) überführt. 1934 lösten die Sonderkollegien beim NKWD das Justizkollegium ab und wurden in der Folge zu berüchtigten Terrororganen, im Sinne repressiver Tribunale, der stalinistischen Herrschaft.

53 Gemeint ist Lenins Formel: »Kommunismus ist Sowjetmacht plus Elektrifizierung des ganzen Landes.«

54 Karl Kautsky (1854-1934), marxistischer Theoretiker und Publizist. Ko-Autor des »Erfurter Programms«, Begründer und von 1883 bis 1917 Herausgeber der sozialdemokratischen Zeitschrift »Die Neue Zeit«; bekämpfte gleichermaßen den Revisionismus wie den Bolschewismus. Rudolf Hilferding (1877-1941), sozialdemokratischer Politiker, Mitbegründer und Theoretiker des »Austromarxismus«, vor dem Ersten Weltkrieg Chefredakteur des »Vorwärts«. 1923 und 1928/29 deutscher Reichsfinanzminister, 1933 Emigration nach Frankreich, Inhaftierung nach der deutschen Besetzung, Auslieferung an die Gestapo, Selbstmord im Gefängnis.

55 Die Zaren Iwan IV. (der »Schreckliche«) und Boris Godunow stehen für besonders blutige Herrschaftsperioden.
Opritschniki – Angehörige der von Iwan IV. als Spezialtruppe und Terrororgan geschaffenen Opritschnina. Diese bildete in den Jahren 1565 - 1572 eine Art Staat im Staate.
Die Strelitzen (russ.: strel'zy = Schützen) bildeten im Rußland des 16. bis frühen 18. Jh. vornehmlich die Infanterie. Nach einem Ende des 17. Jh. gegen Peter I. gescheiterten Aufstand löste dieser die Strelitzen als eigene militärische Formation auf und integrierte sie in die reguläre neugeschaffene russische Armee.

56 Alexej Graf Araktschejew (1769 - 1834) betrieb als Kriegsminister (1808), Präsident des Militärdepartements des Reichsrats (1810) und Chef der Militärkolonien (1817) eine überaus reaktionäre Politik, einen brutalen Militärdespotismus, der fraglos den späteren Dekabristenaufstand begünstigte.
Gatschina – seit 1796, seit der Herrschaft des Zaren Paul I. berühmter Truppenübungsplatz nahe Petersburgs.

57 In der Übersetzung von Rolf-Dietrich Keil.

58 Ugrjum-Burtschejew: negativer Held aus der Erzählung »Geschichte einer Stadt« des russischen Satirikers Michail Saltykow-Schtschedrin (1826 - 1889).

59 Konstantin Leontjew (1831 - 1891), russischer Schriftsteller, Publizist und Kritiker, der den späten »Slawophilen« zuzuordnen ist. Vertrat vehement antiliberale Positionen, trat für die Anlehnung Rußlands – unter einer »byzantinischen« Ordnung – an die Völker des Orients ein.
Das folgende Zitat stammt aus K. Leontjew: Pisma k A. Gubastowu (Briefe an A. Gubastow), 1897.

60 Semjon L. Frank, russ. Philosoph (1877 - 1950), 1922 aus der Sowjetunion ausgebürgert, starb im Exil in London.

61 Michail Soschtschenko (1895 - 1958), russischer Schriftsteller und Satiriker, der wie sein Kollege Andrej Platonow (1899 - 1951) durch Publikationsverbot und Ächtung Opfer der Stalinschen Repressionen wurde.

62 Grigorij Skuratow-Belskij (? - 1573), genannt »Maljuta«, führte die berüchtigte Terrorgruppe »Opritschnina« Iwans IV. (des »Schrecklichen«) an; beteiligte sich persönlich an der Ermordung des Metropoliten Philipp u. a.

63 Kursiv beim Autor.

64 Kursiv beim Autor.

4. Kapitel
Das Privateigentum der Nomenklatura

65 Zitat aus dem Kommunistischen Manifest.

66 Karl Marx: Kritik des Hegelschen Staatsrechts.

67 Gemeint ist das Phänomen der vormaligen Komsomolführer, die mit als erste ihre Verbindungen und ihren Zugang zum Staatseigentum dazu nutzten, sich in sog. »kommerziellen Strukturen«, d. h. Banken, Handel usw., gewinnträchtig zu etablieren.

68 Der Objektivität halber muß man sagen, daß historische Katastrophen natürlich Erschütterungen im Bewußtsein hervorrufen. Wenn ein gigantisches Imperium »plötzlich« zusammenbricht, sucht das mythologische Bewußtsein hier eine geheime »tätige« Ursache – die obligatorische Weltverschwörung. (Anm. des Autors)

69 NEP (nowaja ekonomitscheskaja politika – Neue Ökonomische Politik) bezeichnet die Zeit zwischen 1921 - 1929, als der private Handel begünstigt war, Unternehmern – zumeist ausländischen – Konzessionen erteilt wurden und die Bauern eine gewisse Rechtssicherheit genossen.

70 Nach dem mit der französischen Revolution eingeführten Kalender die Zeit von Mitte Juli bis Mitte August, politisch eine Anspielung auf den Thermidor 1794, die Entmachtung und Hinrichtung Robespierres. Bezeichnet die auf die Revolution folgende Ära politischer und ökonomischer Stabilisierung, der »Re-Bourgeoisierung« der Gesellschaft.

71 Anspielung auf die Abrechnung des Schriftstellers und Philosophen Alexander Sinowjew mit dem kommunistischen System, in Deutschland unter dem Titel »Gähnende Höhen« erschienen.

72 Seit dem XIV. Parteitag von 1925 trug die sowjetische KP den Namen Kommunistische Allunionspartei (Bolschewiki) – WKP (B); 1952 wurde sie in KPdSU umbenannt.

73 Ilja Ehrenburg (1891 - 1967), bekannter, in vielen Sprachen übersetzter sowjetischer Journalist, Dichter und Schriftsteller, der zeitlebens zwischen Linientreue und Revisionismus balancierte.

74 Figur aus Michail Bulgakows: Meister und Margarita (vgl. Anm. 3 zur Einleitung). Zitiert nach der dt. Ausgabe, Frankfurt 1973.

75 Leo Trotzki: Mein Leben, Berlin 1930.

76 Partmaximum: Obergrenze des Einkommens von Parteiarbeitern, welche z. B. den Lohn eines Facharbeiters nicht übersteigen durfte.

77 Hier wird das Privilegiensystem für die Nomenklatura angesprochen, das in Gestalt von Sanatorien, Hotels, Restaurants, Geschäften usw., insbesondere durch Lebensmittelzuteilungen, die herrschende Elite bevorzugte, indes ohne offizielle Zulassung von Privateigentum.

78 Leo Trotzki: Die verratene Revolution, Frankfurt 1968.

79 Milovan Djilas (1911 - 1995), zunächst Weggefährte und Stellvertreter, später Gegner Titos, der vor allem in seinem Buch »Die neue Klasse« scharfe Kritik an dem in Jugoslawien praktizierten sozialistischen System geübt hat.

80 Nikolaj W. Ustrjalow (1890 - 1938), russischer Historiker und Publizist, einst prominenter Anhänger der »Konstitutionell-Demokratischen Partei«, Vertreter der quasi national-bolschewistischen Smena-Wech-Bewegung (Wechsel der Wegzeichen). 1920 emigriert, kehrte er 1935 in die UdSSR zurück.

81 GPU: Gosudarstwennoje polititscheskoje uprawlenije - Staatliche Politische Verwaltung bzw. OGPU (Vereinigte Politische Verwaltung) war die Bezeichnung des sowjetischen Geheimdienstes, des späteren KGB, seit 1922 bzw. seit 1923.

82 Ab 1917 ersetzten Volkskommissariate die Ministerien; 1946 wurden sie wieder in Ministerien umbenannt.

83 Todestag Stalins.

84 In den »Wegzeichen« (russ. »Wechi«) meldeten sich führende Vertreter der russischen Intelligenzija zu Wort, die selbst einst Marxisten oder Sozialisten gewesen waren und nun eindringlich vor den Gefahren einer bolschewistischen Revolution und deren Folgen warnten. Das Erscheinen dieses Bandes löste eine ungewöhnlich heftige Diskussion in der Öffentlichkeit aus.

85 Karel Čapek: Der Krieg mit den Molchen, Wien 1937.

86 Schwarzhundertschaften – berüchtigte Formationen der extremen Rechten in Rußland gegen Ende des 19. und zu Beginn des 20. Jh. Von der Regierung geduldet, inspirierten und verübten sie Gegenterror als Antwort auf revolutionäre Terrorakte. Sie waren für die Judenpogrome verantwortlich, die vor allem zwischen 1881 und 1917 in der russischen Provinz (so in Odessa) stattfanden.

87 Gemeint ist hier vor allem die sog. Anti-Kosmopolitenkampagne, der in erster Linie Juden – zuvörderst in Partei, Wissenschaft, Kultur und anderen Bereichen – zum Opfer fielen.

88 José Ortega y Gasset: Der Aufstand der Massen. Zitiert nach der dt. Ausgabe, Stuttgart – Berlin o. J.

89 Boris Souvarine (eig. Lifschiz, 1895-1984), gehörte, im französischen Exil aufgewachsen, 1920 zu den Mitbegründern der Französischen Kommunistischen Partei, aus der er 1925 wegen seiner Nähe zu Trotzkij ausgeschlossen wurde. Gründer und Schriftleiter der Zeitschrift »La Critique Sociale« (später »Contrat Social«). Berühmt wurde seine Stalin-Biographie (erste Ausg. 1935).

90 Russisch SSSR für Sojus sowjetskich sozialistitscheskich respublik (Union der sozialistischen Sowjetrepubliken).

91 Der Begriff stammt von Ilja Ehrenburg, der 1954 bzw. 1956 einen Kurzroman mit diesem Titel veröffentlichte.

92 An diesem Tag endete der Putschversuch eines Teils der sowjetischen Führung mit einem Sieg der demokratischen Kräfte um Boris Jelzin. Damit wurde das Ende der Sowjetunion eingeleitet, die formal am 25. Dezember 1991 aufgelöst wurde.

93 Anspielung auf eine Formulierung Michail Gorbatschows aus der Zeit der »Perestrojka«, die in Rußland zum geflügelten Wort wurde.

94 S. o. Kap. 2, S. 64.

95 W. Najschul: Wysschaja i poslednjaja stadii sozialisma (Das höchste und letzte Stadium des Sozialismus). Moskau 1991.

96 Michail Shwanetzkij ist ein bekannter russischer Satiriker. Das Zitat aus der Internationale ist hier wieder aus dem Russischen übersetzt, da diese Fassung vom französischen Original stark abweicht.

97 Nikolaj Gumiljow: Das Wort (1921), in der Übersetzung von Heinrich Stammler.

98 Alexander Solschenizyn: Offener Brief an die sowjetische Führung. Darmstadt 1974.

99 In den auf fünf Sowjetrepubliken verteilten Helsinki-Gruppen hatten sich seit 1975 Bürgerrechtler zusammengeschlossen, um die Durchsetzung der KSZE-Schlußakte von Helsinki in der UdSSR zu realisieren.

100 MGIMO – Moskauer Staatsinstitut für Internationale Beziehungen.

101 Nikolaj Ryshkow war 1985-1991 sowjetischer Ministerpräsident, als den ihn Valentin Pawlow ablöste.

102 Jurij Wlassow, vielfach ausgezeichneter Schwerathlet der UdSSR (u.a. Olympiasieger), Verfasser einer Reihe von Büchern. Wurde 1989 in den ersten sowjetischen Volksdeputiertenkongreß gewählt, in dem er mit einer Rede gegen das KGB auftrat. Heute vertritt er in der Staatsduma und in Blättern wie der »Prawda« nationalbolschewistische, wo nicht chauvinistisch-faschistische Positionen.

103 Andrej Amalrik: Kann die Sowjetunion das Jahr 1984 erleben? Zitiert nach der dt. Ausgabe, Zürich 1970. Für die in diesem Buch geäußerten Thesen erhielt der Autor seinerzeit eine hohe Freiheitsstrafe.

5. Kapitel
Die ursprüngliche Akkumulation

104 Gemeint ist der Wirtschaftswissenschaftler und frühere Oberbürgermeister von Moskau, Gawriil Popow.

105 Jurij Larin (eig. M. S. Lurje, 1882-1932), sowjetischer Ökonom und Parteipolitiker, Schwiegervater Nikolaj Bucharins. Zitat aus J. Larin: Tschastnyj kapital w SSSR (Privatkapital in der UdSSR). Moskau 1993.

106 Valentin Pawlow, Finanzwissenschaftler, 1989-1991 sowjetischer Finanzminister, von Januar bis August 1991 Ministerpräsident. Als Teilnehmer des Putschversuchs vom August 1991 verhaftet, später amnestiert, zählt er heute zu den größeren Magnaten Rußlands.

107 Kursiv beim Autor.

108 Sektoren, in denen die Unternehmen nach finanziellen Erfolgskriterien relativ selbständig geführt werden konnten.

109 Telephonrecht bezeichnet die früher fast ausschließlich geübte Praxis der politischen Führung, Gerichtsurteile u. ä. fernmündlich zu präjudizieren.

110 »Unversöhnliche Opposition« bezeichnet seit 1992 die kommunistische bzw. nationalistische Opposition, die sog. »Rot-Braunen«, die sich u. a. den Reformen widersetzen.

111 OMON (russ. Otrjad milizii osobennogo nasnatschenija – Milizabteilung zur besonderen Verwendung), 1980 gegründet und seither in Krisengebieten (z. B. in Tschetschenien) und im Falle anderer Unruhen zum Einsatz gebracht.

112 »Snickers« ist in Rußland zum geflügelten Wort geworden, das die angebliche Verringerung der substantiellen Lebensqualität geißelt, d. h. Konsumimporte zu Lasten der einheimischen Produktion.

113 »Rote Gürtel« – gemeint sind die zumeist von Kommunisten regierten Gebiete um Moskau und andere Großstädte Rußlands.

114 Ich füge ohne Kommentar die folgende Beschreibung einer sozialökonomischen Gesellschaftsordnung an. Es bleibt dem Leser

überlassen, sie mit unserer Geschichte und Wirklichkeit zu vergleichen. »... die Regierung läßt den Ackerbauern selten mehr als das unbedingt Notwendige, und oft beraubt sie diese so vollständig, daß sie sich selbst verpflichtet sieht, nach Wegnahme von allem wieder einen Teil denen zurückzuleihen, welchen sie es weggenommen hat, um sie mit Saatkorn zu versorgen oder ihnen den Lebensunterhalt bis zur nächsten Ernte zu ermöglichen. Obwohl unter einer solchen Regierung für die große Menge der Bevölkerung schlecht gesorgt ist, kann die Regierung ... einen Reichtum zur Schau tragen, der grell von der allgemeinen Lage der Bevölkerung absticht ... Ein großer Anteil wird unter die mannigfachen Regierungsbeamten und nach Huld oder Laune des Fürsten verteilt. Ein anderer Teil wird gelegentlich zu allgemein nützlichen Werken verwendet ... Die Unsicherheit allen Besitzes bei diesem Gesellschaftszustand veranlaßt aber auch die reichsten Käufer, solchen Artikeln den Vorzug zu geben, die so gut wie unverwüstlich sind, die in kleinem Volumen großen Wert enthalten und so sich zum Verbergen oder Wegschaffen trefflich eignen. Gold und Edelsteine machen dabei einen großen Teil des Vermögens dieser Völker aus, und mancher reiche Asiate trägt fast sein ganzes Vermögen auf seinem Leibe oder auf dem Leibe einer oder mehrerer seiner Haremsfrauen. Kein Mensch außer dem Monarchen denkt daran, das Vermögen in einer Weise anzulegen, daß es ihm weggenommen werden könnte ... Aber auch bei diesem Gesellschaftszustand findet sich schon ein Handelsstand, der aus zwei Abteilungen, nämlich Getreidehändlern und Geldhändlern besteht. Die Getreidehändler kaufen gewöhnlich das Getreide nicht von den Produzenten selbst, sondern von den Regierungsagenten ... Die Geldhändler leihen den unglücklichen Landbauern, wenn diese durch schlechte Ernten und fiskalische Erpressungen ins Unglück geraten sind, die Mittel zur Erhaltung des Lebens und zur Fortsetzung der Bodenbestellung. Sie werden durch sehr hohe Zinsen bei der nächsten Ernte bezahlt; oder sie leihen auch im größeren Maßstabe der Regierung oder denen, welchen diese einen Teil der Einkünfte übertragen hat ... So hängen die Handelsgeschäfte dieser beiden Klassen von Händlern mit dem Ertrag des Bodens, der die Einkünfte der Regierung darstellt, eng zusammen. Aus diesen Einkünften wird ihr Kapital periodisch mit einem Gewinn wieder ersetzt, und die Einkünfte sind auch die Quellen, aus denen die ursprünglichen Fonds fast immer herrühren. So ist im allgemeinen die wirtschaftliche

Lage der meisten asiatischen Länder, wie diese seit geschichtlich zuverlässiger Überlieferung gewesen ist, und so ist sie noch überall, wo nicht fremde Einflüsse störend eingegriffen haben.« Anm. d. Autors. (Zitiert nach John Stuart Mill: Grundsätze der politischen Ökonomie mit einigen ihrer Anwendungen auf die Sozialphilosophie, Jena 1924).

6. Kapitel
Die Wahl

115 Anna Achmatowa: Tapferkeit. In der Übersetzung von Rainer Kirsch, Leipzig 1989.

116 Alle Zitate aus: Josef Stalin: Fragen des Leninismus. Berlin (Ost) 1951.

117 Alexander Puschkin: Der eherne Reiter. In der Übersetzung von Wolfgang E. Groeger. Leipzig 1923.

118 Wassilij W. Schulgin: Dni (Tage; 1920). Neuausgabe Moskau 1989.

119 Nikolaj Gogol: Die toten Seelen, in der Übersetzung von Alexander Eliasberg. Köln–Berlin 1965.

120 Der 1917 eliminierte Doppeladler ist seit Ende 1993 wieder das Staatswappentier Rußlands.

121 Großer Romanzyklus von Alexander Solschenizyn, der die Oktoberrevolution und ihre Vorgeschichte zum Thema hat.

122 Präambel der amerikanischen Unabhängigkeitserklärung von Thomas Jefferson, hier zitiert nach Willi Paul Adams (Hrsg.): Die Vereinigten Staaten von Amerika. Frankfurt/Main 1977.

Jurij Orlow

Ein russisches Leben

Aus dem Amerikanischen von Klaus Binder, Jeremy Gaines und Bettina Kirberger

1992. 408 Seiten

Ein wichtiges historisches Zeugnis. ... Was Orlow gelingt, ist die Beschreibung des Schreckens als Bestandteil jenes Alltags, in dem er geistig heranreift. Hier spiegelt sich im besonderen Erleben eines einzelnen wieder, was für die Mehrheit der Bevölkerung das ganz und gar normale Leben ausmachte. Damit verweist dieses Buch auf eine Möglichkeit der Geschichtsschreibung, an die sich die Historiker bis heute nicht herangewagt haben: Es geht um den Versuch, die sowjetische Geschichte mit Hilfe einer Sammlung individueller Biographien darzustellen. ... Über sein »russisches Leben« erzählend, gibt daher der bedeutende Dissident Jurij Orlow Millionen Schicksalen eine Stimme. *F.A.Z.*

Die bislang umfassendste, genaueste und eindrucksvollste Darstellung der Entstehung und Geschichte der sowjetischen Menschenrechtsbewegung. ... Jurij Orlows Autobiographie, spannend geschrieben und kämpferisch wie sein ganzes Leben, ist nicht zuletzt auch ein Lehrstück für all jene »Realpolitiker« im Westen, die über viele Jahre bemüht waren, Distanz zu den Dissidenten zu halten, um die vermeintlich Mächtigen nicht zu verärgern. *Die Zeit*

Nicht Gorbatschow habe Glasnost geschaffen, »es war das Volk selbst« – so bilanziert der russische Physiker, Dissident und Gulag-Häftling seine Erfahrungen aus dem Menschenrechtskampf gegen das Sowjetregime. Orlows bewegende Autobiographie, bei deren Abfassung die Literatur-Nobelpreisträger Solschenizyn und Joseph Brodsky dem Autor beratend zur Seite standen, überragt die meisten neueren Rußland-Bücher. *Spiegel Spezial*

In der Sowjetunion eine Biographie zu haben, ist fast unmöglich. Nur der Dissident konnte sich gegen das widersprüchliche, wechselhafte, zerstörerische kollektive Bewußtsein ein stabiles Ich bewahren, das sich unbeirrt auf Grundsätze und Ziele berufen konnte. *Joseph Brodsky*

Boris Groys
Die Erfindung Rußlands
EDITION AKZENTE
1995. 250 Seiten

Ob in der Philosophie der Slawophilen, in der sowjetischen ideologischen Praxis, in der Ethik der Avantgarde oder in der postsowjetischen Kunst – in allem deckt Groys die verschiedenen Strategien auf, die »die russische Kultur auf unterschiedlichen Etappen ihrer Entwicklung in ihrer Auseinandersetzung mit dem Westen hervorgebracht« hat. ... Boris Groys ist ein origineller Denker, er analysiert nicht nur sein Material, sondern geht spielerisch mit ihm um. Dieses faszinierende Spiel macht den Reiz seiner Werke aus. *Der Tagesspiegel*

Der Reiz der Texte von Boris Groys liegt nicht zuletzt darin, daß sie Rußland zugleich von außen und von innen beschreiben. Der Autor lebt seit vielen Jahren in Deutschland, befaßt sich mit zeitgenössischer Philosophie und Kunst des Westens und gehört gleichzeitig der russischen, vor allem der Moskauer Kulturszene an. Seine Vorliebe für apodiktische Zuspitzungen und für die Provokation macht die Lektüre aufregend. Das gilt auch für seine Beobachtungen zur Kunst der russischen Avantgarde, des Stalinismus und der russischen Postmoderne, die in dem Band gesammelt sind. *F.A.Z*

Zwischen Krise und Konsolidierung
Der Osten Europas in Gefahr
Herausgegeben vom Bundesinstitut
für ostwissenschaftliche und internationale Studien, Köln
1995. 420 Seiten

Mehr als fünf Jahre sind seit Beginn des großen politisch-ökonomischen Umbruchs im Osten Europas vergangen. Nur in Ostmitteleuropa konnten bisher die Chancen genutzt werden, die der Zusammenbruch des Kommunismus für das Entstehen demokratischer Ordnungen, für gesellschaftlichen Pluralismus, für den Übergang zu sozial orientierten Marktwirtschaften und für das Entstehen eines neuen Systems internationaler Beziehungen mit sich brachte. Viele andere Länder der Region sind dagegen von politischer Stabilität und einer Überwindung der tiefen ökonomischen Krise noch weit entfernt. Vor allem in Rußland kann von einer politisch-ökonomischen Konsolidierung gegenwärtig keine Rede sein. Nicht zuletzt der Tschetschenienkrieg belastet innere Entwicklung und äußere Position des Landes in starkem Maße: Die junge Demokratie ist gefährdet, autoritäre Tendenzen sind unverkennbar, eine effiziente Wirtschaftspolitik findet kaum statt, und internationale Spannungen nehmen zu. Der vorliegende Band bilanziert Erfolge und Rückschläge der Umbruchsprozesse im Osten Europas. Das Bundesinstitut für ostwissenschaftliche und internationale Studien in Köln ist die zentrale interdisziplinäre Forschungsinstitution in der Bundesrepublik Deutschland für Politik, Gesellschaft und Wirtschaft in den osteuropäischen Ländern. Seine Jahrbücher sind für das Verständnis aktueller Entwicklungen in dieser Region unentbehrlich geworden: präzise in der Information, zuverlässig und objektiv in der Analyse.

Christian Schütze

Besichtigung der Perestroika

Eine Reise mit der Transsibirischen Eisenbahn

1990. 124 Seiten

Der Autor dieses lebendig, ja oft humorvoll geschriebenen Buches ist leitender Redakteur bei der »Süddeutschen Zeitung«. Er kennt die Sowjetunion von mehreren Reisen und weiß über die Probleme, die er zur Sprache bringt – Geschichte, Umwelt, Innenpolitik – Bescheid. ... Aus den vielen Facetten, die die 18 Kapitel dieses kleinen Buches anreißen, setzt sich ein lebendiges und geschichtsvolles Bild der heutigen Sowjetunion zusammen. ... Der Leser wird sich nur schwer der stillen Aufforderung entziehen können, die von dem Buch ausgeht, über Demokratie und Mitbestimmung, freien Markt und soziale Sicherung weiter nachzudenken – manche Probleme der Sowjetunion sind auch unsere.

Der Tagesspiegel

Schütze ist in vieler Hinsicht eingetaucht in einen laufenden Prozeß des Wandels. So ist seine Schilderung Augenzeugenbericht, Hintergrundinformation und Analyse eines gesellschaftlich-politischen Prozesses in einem. ... Man lernt verstehen, was in der SU mit jenen passiert, welche Objekt und Träger der gewaltigen Umwälzungen zugleich sind: dem Volk. So bleibt dieses Buch sicher noch länger aktuell. ... *Recensio*

Thomas Ross/Adolf Hampel
Gott in Rußland
Ein Bericht
1992. 144 Seiten

Auch in unseren Tagen erlebt Rußland wieder eine Zeit der Wirren. Und wieder strömt das Volk in die Kirchen – eine wahre »Taufwelle« hat vor allem die junge Generation erfaßt. ... Aber was auf den ersten Blick wie eine vorübergehende Modeerscheinung wirkt, wurzelt in den Tiefen der russischen Geschichte, des russischen Wesens. Dessen Grundzüge zu vermitteln, ist Ross und Hampel auf 140 Seiten in ebenso anschaulicher wie überzeugender Form geglückt. ... Ein spannendes Buch. *F.A.Z.*

Dieses Buch ist nicht nur ein »Bericht« oder eine »Reportage«, ... Es ist eine hervorragende Zusammenfügung von persönlichen Gesprächen, Eindrücken, Interviews mit orthodoxen Christen im heutigen Rußland, präsentiert mit soliden historischen und theologischen Kenntnissen aus der Vergangenheit der Orthodoxie. Die derzeitige Situation der russisch-orthodoxen Kirche im Spannungsfeld zwischen »religiösem Boom« und politischem Chaos, ihr zäher Konservatismus, ihre Orientierung auf das Jenseits, ihre Angst vor bedrohlichen Einflüssen aus dem Westen – alles das und mehr ist anschaulich und treffend dargestellt. ... Zugleich aber wird der Leser über die Geschichte der russisch-orthodoxen Kirche, ihr Selbstverständnis, ihr konfliktbeladenes Verhältnis zur katholischen Kirche informiert. Vergangenheit und Gegenwart sind in geradezu mustergültiger Weise im Zusammenhang dargestellt, so daß die Kontinuität auch für den Nichtfachmann erkennbar ist. Den Verfassern Thomas Ross und Adolf Hampel ist es gelungen, wissenschaftliche Grundlagen durch reportageartige Teile anschaulich zu machen. Selbst der Fachmann wird das Büchlein mit Gewinn lesen.. *Osteuropa*